*essentials* liefern aktuelles Wissen in konzentrierter Form. Die Essenz dessen, worauf es als „State-of-the-Art" in der gegenwärtigen Fachdiskussion oder in der Praxis ankommt. *essentials* informieren schnell, unkompliziert und verständlich

- als Einführung in ein aktuelles Thema aus Ihrem Fachgebiet
- als Einstieg in ein für Sie noch unbekanntes Themenfeld
- als Einblick, um zum Thema mitreden zu können

Die Bücher in elektronischer und gedruckter Form bringen das Expertenwissen von Springer-Fachautoren kompakt zur Darstellung. Sie sind besonders für die Nutzung als eBook auf Tablet-PCs, eBook-Readern und Smartphones geeignet. *essentials:* Wissensbausteine aus den Wirtschafts, Sozial- und Geisteswissenschaften, aus Technik und Naturwissenschaften sowie aus Medizin, Psychologie und Gesundheitsberufen. Von renommierten Autoren aller Springer-Verlagsmarken.

Weitere Bände in der Reihe http://www.springer.com/series/13088

Colja M. Dams

# Agiles Event Management

Vom „Wow" zum „How" im erfolgreichen Event Management

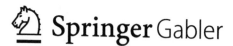
Springer Gabler

Colja M. Dams
VOK DAMS Events GmbH
Wuppertal, Deutschland

ISSN 2197-6708          ISSN 2197-6716    (electronic)
essentials
ISBN 978-3-658-25499-5          ISBN 978-3-658-25500-8    (eBook)
https://doi.org/10.1007/978-3-658-25500-8

Die Deutsche Nationalbibliothek verzeichnet diese Publikation in der Deutschen Nationalbibliografie; detaillierte bibliografische Daten sind im Internet über http://dnb.d-nb.de abrufbar.

Springer Gabler
© Springer Fachmedien Wiesbaden GmbH, ein Teil von Springer Nature 2019

Springer Gabler ist ein Imprint der eingetragenen Gesellschaft Springer Fachmedien Wiesbaden GmbH und ist ein Teil von Springer Nature
Die Anschrift der Gesellschaft ist: Abraham-Lincoln-Str. 46, 65189 Wiesbaden, Germany

# Was Sie in diesem *essential* finden können

- Notwendigkeit der agilen Arbeitsweise im Event Management
- Agiles Projektmanagement vs. Agile Event Management
- Agile Werte, Prinzipien, Methoden, Vorgehensweisen
- Agiles Mindset
- Das agile Team
- Agiles Vertragsmanagement
- Agiles Kalkulieren

# Vorwort

Warum schreibt man ein Buch zum Thema „Agile Event Management"? Über agiles Projektmanagement gibt es doch schon eine Vielzahl von Publikationen. Moment – hier geht es nicht um die IT- oder digitale Industrie sondern um eine Branche, die sich durch Emotionen, durch persönliche Begegnung, kurz durch das besondere „Wow"-Erlebnis definiert. Passt das überhaupt zusammen?

Hybrid Events und Live Campaigns sind erfolgreiche Eventformate der modernen Wirtschaftskommunikation. Hybrid Event bezeichnet die Verbindung eines Live-Erlebnisses mit den Möglichkeiten der webbasierten Kommunikation (Mobile Applications, Social Media, Location based Services).

Live Campaigns gehen noch einen Schritt weiter. Sie stellen das Live-Erlebnis in den Mittelpunkt einer Kampagne. Der Event ist gleichzeitig Content-Geber für alle anderen Kommunikations-Kanäle der Kampagne. Vernachlässigt wurde jedoch das „Wie" auf dem Weg zu den immer neuen Formaten der Zukunft. In einer Zeit, die immer schnelllebiger wird und geprägt ist von permanenten Veränderungen, stößt das klassische Projektmanagement an seine Grenzen.

Agiles Projektmanagement steht für verschiedene agile Projektmanagement-Methoden, die aus der Softwareentwicklung kommen. Diese Methoden basieren allesamt auf agilen Werten und Prinzipien, die erstmals 2001 niedergeschrieben wurden. Hier geht es also um Methodenkompetenz – darum wie ein Team arbeitet – sei es untereinander oder mit dem Kunden und anderen am Projekt Beteiligten.

Und damit ist es auch ein Thema in der Live-Marketing Branche. Denn es wird Zeit, dass auf innovative Lösungen innovative Management-Methoden folgen. Die Komplexität der digitalen Welt fordert die Abkehr von zementierten und über Generationen tradierten Abläufen.

Natürlich gibt es verschiedene Grade der Durchdringung eines komplexen Themas. Dieses Buch versteht sich nicht als die einzige Lösung. Jeder muss sehen, was für ihn funktioniert. Wir haben unsere Erfahrungen als Basis genommen und eine Methode beschrieben, mit der wir bisher großen Erfolg haben.

Eine Lösung heißt: Agile Event Management. Entwickelt aus dem Besten der agilen Management-Ansätze der Software-Industrie (Scrum, Kanban und Design-Thinking, um nur die wichtigsten zu nennen) bietet das agile Projekt- und Event Management die Antwort auf die Anforderungen aller Beteiligten bei der Umsetzung effizienter und komplexer Kommunikations-Strategien.

In Unternehmen und Agenturen löst das agile Projekt- und Event Management zunehmend die traditionelle Arbeitsweise ab. Agile Event Management bedeutet mehr Eigeninitiative und Verantwortungs-Übernahme, mit adaptiver Planung, schnellerer Abstimmung und Mut zur Veränderung.

Der Anspruch dieses Buches wird durch zwei wesentliche Aspekte definiert. Zum einen soll es zum Nachdenken anregen, dass an der agilen Arbeitsweise in Zukunft kein Kunde und keine Agentur mehr vorbeikommen und zum anderen soll es die Vorteile für Kunden und Team darstellen:

- Mehr Effizienz
- Mehr Innovation
- Mehr Spaß

Es ist also an der Zeit, sich mit der Basis einer innovativen Arbeitsweise zu beschäftigen, um weiterhin zukunftsorientierte Events und Live-Marketing Maßnahmen umzusetzen.

Dieses Buch entstand auf Basis des agilen Arbeitsprozesses bei VOK DAMS worldwide, eine der international führenden Eventagenturen. Es ist das Ergebnis eines Teams, das als „Agile Taskforce" die Aufgabe übernommen hat, den agilen Prozess im Unternehmen voranzutreiben und dabei zu helfen, ihn für alle Teams umzusetzen.

In diesem Buch erleben Sie die spannende Reise vom agilen Mindset über agile Werte, Prinzipien und Methoden bis hin zum alltäglichen agilen Handeln (siehe Abb. Vorwort).

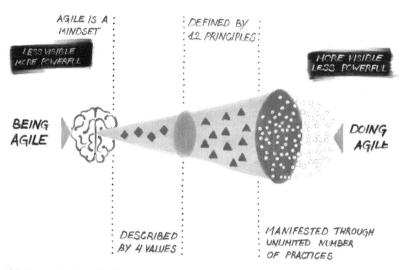

Abb. Vorwort: Der agile Prozess, Grafik VOK DAMS, inspired by Ahmed Sidkey

Colja M. Dams

# Danksagung

Die agilen Teams sind das Herzstück des Agile Event Management. Sie sind es, die „agil" jeden Tag aktiv leben. Mit Verantwortung, Motivation, Mut und Spaß. Deshalb geht mein erster Dank an alle Mitarbeiter der VOK DAMS Agentur für Events- und Live-Marketing, die unseren Weg zur Agile Agency VOK DAMS mit so viel Motivation und Engagement mitgehen. Ohne euch alle wäre dieses Buch nicht möglich gewesen:

Aaron, Alex Michael, Alexander A., Alexander D., Alexandra, Alexandros, Amber, Anastasia, Andrea B., Andrea S., Angela, Anika H., Anika S., Anika T., Anna Se., Anna St., Anna-Maria, Anne, Ariane, Arkadiusz, Arne, Ashley, Barbara, Beate, Benedikt, Benjamin, Bennet, Bri, Britta, Carla, Caroline, Catharina, Cedric, Chantal, Christian G., Christian O., Christian S., Christiane, Christina B., Christiana J, Christina P., Christopher, Claire, Claudia J., Claudia Kö., Claudia Kr., Claudia S., Clemens, Cloudine, Corinna H., Corinna W., Daniela, Dannis, Darja, David, Denis, Derya, Dominic, Dominik, Dr. Frank C., Edison, Eileen, Elena G., Elena P., Elmar, Eric, Erika, Eva, Eva-Maria, Fatimah, Franca, Frank, Franziska G., Franziska H., Gerlinde, Gerrit, Gesa, Giorgio, Hanna, Hannah, Hannes, Heinz-Günther, Hong-Hanh, Ines, Irene, Irmgard, Isabel, Ivana, Jacky, Jacqueline, Jan, Jana K., Jana W., Jennifer, Jeroen, Jerry, Jo, Johanna B., Johanna K., Johannes, Jonas, Julia B., Julia C., Julia H., Julia W., Julien, Justin Paul, Karen, Katharin G., Katharina S., Kathrin, Katja R., Katja S., Katrin, Klaas, Kristin B., Kristin V., Lars, Laura Aileen, Lea, Lena F., Lena R., Leonie, Liane, Linda R., Linda Z., Lisa D., Lisa R., Lisa S., Luisa E., Luisa G., Luisa M., Lynde, Lynn, Ma, Madeleine, Maja, Marc, Maren, Margarita, Marie, Mariella, Marina, Marius, Markus, Martin K., Martin S., Martin Z., Matteo, Max, Maximilian B., Maximilian M., Mayossé, Meike, Melanie H., Melanie K., Melanie P., Melisa, Merete, Mia, Michael Gi., Michael Gor., Michael Got., Michael M., Michèle, Mona, Monique, Moritz, Naki, Nicole, Niels, Nils,

Nina D., Nina G., Nina S., Nora, Oliver-Christian, Paul, Peggy, Petra, Philipp H., Philipp P., Philipp R., Rain, Rebecca, Rich, Richard, Rik, Roberta, Robin R., Robin X., Ronja, Sabine, Sabrina Bo., Sabrina Bu., Sabrina M., Sabrina P., Sana Bastian, Sandra H., Sandra T., Sarah, Sebastian E., Sebastian W., Silvia, Simon, Simone T., Simone W., Sonja, Sophie G., Sophie S., Stefan A., Stefan S., Stefanie, Stefanos, Stephan H., Stephan K., Stephan M., Stephanie, Stina Sofie, Susanne, Tamara, Tanja F., Tanja T., Tatjana, Theresa, Thomas, Tim, Timo, Tina, Tobias, Ulrike, Uta, Valeria, Vanessa R., Vanessa W., Vicky S., Vicky W., Viktoria, Virginia, Vok, Wolfgang, Yiqi, Yvonne, Zoe

Danke Euch. Für euer Engagement, euren Spaß, euren „Biss". Für die vielen gemeinsamen Learnings und spannenden Projekte, für Begeisterung und großartige Momente.

Bei der Erarbeitung der Inhalte des vorliegenden Buches haben zahlreiche Personen mitgewirkt, bei denen ich mich darüber hinaus noch gesondert bedanken möchte. Vor allen Dingen bei unserer Agile Taskforce und hier besonders Sonja Kossian, Melanie Piorek, Sandra Hiller, Tina Kiehnke und Katharina Strupp – euer Feedback und eure Ideen haben uns auf dem Weg zur Agile Agency immer wieder ein gutes Stück vorangebracht und damit auch die Ideen in diesem Buch maßgeblich mitgeprägt.

Außerdem bedanke ich mich bei unseren agile Coaches Francois Canonne, Andreas Lehmann und Lars Nebe, sowie bei Frank Kemper, Isabel Stadach und Sonja Grandjean. Für wichtige Impulse, Hilfestellung, Inspiration – und eure fortwährende und kluge Unterstützung. Vielen Dank an Virginia Nolte für die tollen Illustrationen.

Darüber hinaus möchte ich ganz besonders Wolfgang Altenstrasser danken, für seine erfolgreiche Projektsteuerung, seine vielen wertvollen Beiträge und die iterativen Prozesse, die das Buch immer besser gemacht haben. Deine wichtige und intelligente Unterstützung und dein guter Rat waren – wie so oft – auch für dieses Buch zentral.

Mein besonderer Dank gilt außerdem Claudia Köhler und Christian Obladen, dafür, dass sie mich im Changeprozess zur Agile Agency begleiten. Danke, dass ihr hierbei stets so kompetente, verlässliche, und scharfsinnige Ratgeber seid.

Last but not least geht mein größter Dank natürlich an meinen Vater Vok Dams – wenn du nicht über Jahrzehnte VOK DAMS mit so viel Energie und Herzblut auf- und ausgebaut hättest, wäre nicht nur unser heutiger Erfolg auf dem Weg zum Agile Agency nie möglich gewesen – sondern auch viel, viel mehr nicht. Danke für alles.

# Inhaltsverzeichnis

# Die Notwendigkeit der agilen Arbeitsweise

Seit Bestehen der Event-Industrie wird nach klassischer Projektmanagement-Theorie gearbeitet, wenn auch sehr flexibel und dynamisch.

Doch die Welt ist heute eine andere geworden. Warum ist das so? Die Agenturgruppe VOK DAMS worldwide hat beinahe 50 Jahre den innovativen Wandel in der Eventbranche begleitet und größtenteils auch vorangetrieben. Gerade der Wechsel von analogen zu digitalen Medien und Kommunikations-Kanälen erfordert neue Denkweisen, Lösungen und Arbeits-Methoden im Event-Geschäft.

Digitalisierung und digitale Transformation haben heute eine Situation geschaffen, die ein Höchstmaß an Komplexität aufweist. Und diese Komplexität verträgt sich nicht mehr mit einem geschlossenen System. Der Grundsatz muss hier lauten: Komplexität erfordert Öffnung.

So zeichnet es sich immer mehr ab, dass der Weg des klassischen Projektmanagements nicht mehr der einzige beschreitbare Weg ist. Mehr noch: Digitalisierung und ständige Veränderungen im Projektverlauf zwingen zum Umdenken. Kunden agieren mit Agenturen auf Augenhöhe. Teams erwarten, dass sie eingebunden werden und aktiv mitgestalten können.

Früher schrieben die Kunden eine Veranstaltung im klassischen RFP-Prozess (Request for Proposal) aus. Auf Basis dieses Briefings entwickelten Agenturen kreative Konzepte und detaillierte Angebote. Der Auftrag wurde vergeben und nichts änderte sich wesentlich im Projektverlauf bis zum eigentlichen Event-Datum. Typischerweise dauerte diese Phase der Konzeptentwicklung und Vorbereitung des Events 9 bis 12 Monate.

Heute werden die Briefings immer detaillierter und fordern damit immer detailliertere Angebote. Aufgrund der Schnelllebigkeit hat sich in vielen Branchen die beauftragte Basis bereits kurz nach Erteilen des Auftrags überholt. Kurzfristige Änderungen und ein ständiges Anpassen der Prioritäten sind an

© Springer Fachmedien Wiesbaden GmbH, ein Teil von Springer Nature 2019
C. M. Dams, *Agiles Event Management*, essentials,
https://doi.org/10.1007/978-3-658-25500-8_1

der Tagesordnung. Aus Gründen der Einkaufsoptimierung wird viel Zeit in den Angebots- und Auswahlprozess investiert. Der Aufwand für Kunde und Agentur ist hier oft unverhältnismäßig hoch und kostbare Kapazitäten gehen im Kreations- und Umsetzungsprozess verloren. Die Folgen sind fatal:

**Innovation bleibt auf der Strecke**
Gerade bei jährlich wiederkehrenden Veranstaltungen werden die Ausschreibungen immer weiter „optimiert". Das Ergebnis ist ein Raster, das zwar den günstigsten Anbieter findet – aber keinen strategischen/kreativen Freiraum ermöglicht. Das Ergebnis wird dadurch austauschbar und die Qualität einer Veranstaltung leidet.

**Umsetzungsprozesse werden teurer**
Da der Veranstaltungszeitpunkt vorgegeben ist, bedingen ständige Anpassungen im Projektverlauf an die aktuelle Lage des Unternehmens (politische, interne, Branchen-, Wettbewerbs- etc. Einflussfaktoren) zusätzliche Kapazitäten auf Kunden-/Agenturseite. Das führt zu zusätzlichen Kosten.

**Motivation bei der Umsetzung geht verloren**
Auf Kundenseite zeichnet sich Leistungsbereitschaft durch eine sehr hohe C-Level (höchste Führungsebene) Wahrnehmung aus – auch unabhängig von definierten Zielsetzungen. Gerade die Zusammenarbeit im Agenturteam und in der Kunden-/Agenturbeziehung befruchtet sich gegenseitig und führt zu Leidenschaft. Spaß macht Erfolg und Erfolg macht Spaß. Beim Ausbleiben der Freude bei der Umsetzung bleibt auch der Erfolg langfristig aus.

Interessanterweise stand die IT-Industrie vor der gleichen Herausforderung, nur bereits in den 1990er Jahren. IT-Projekte wurden gestartet mit aufwendigen Pflichten-/Lastenheften und klassischer Projektmanagement-Herangehensweise. Jedoch änderten sich die Technologien im Projektverlauf – Kunden mussten sich auf neue Gegebenheiten ihres Umfeldes ständig neu einstellen und nicht wenige Projekte wurden zu unendlichen Geschichten oder fehlerhafter Software, die erst beim Kunden reifte.

Bekanntheit erreichte die agile Herangehensweise mit der Veröffentlichung des „Agilen Manifests" im Jahr 2001 (Engl.: Agile Manifesto). Kent Beck[1] und

---

[1]Vgl. Beck, Kent. 2000. Extreme Programming. Die revolutionäre Methode für Softwareentwicklung in kleinen Teams. München: Addison-Wessley, S. 29 ff.

**Abb. 1.1** Die wesentlichen Momente des Agilen Manifests, Grafik VOK DAMS

andere Programmierer entwickelten Werte, Prinzipien und Methoden, die zu erfolgreicherer Softwareentwicklung führten. Mit dem „Agilen Manifest" schufen sie das Fundament für agiles Projektmanagement. Methoden wie Scrum, Kanban und Design Thinking entstanden und wurden immer weiterentwickelt (siehe Abb. 1.1).

Die Frage stellt sich:

**Warum brauche ich eigentlich ein neues Agile Event Management?**

Deutlich wird es an der Rolle von Veränderungen im klassischen, verglichen mit dem agilen Projektmanagement. Im klassischen Projektmanagement können die Stakeholder zu Beginn einen hohen Einfluss (Briefing/Konzeptentwicklung) auf die Projektgestaltung nehmen. Mit fortschreitendem Projektverlauf (je näher das Event rückt) wird dieser Einfluss jedoch geringer oder mit höherem Änderungsaufwand (Kapazitäten/Kosten) verbunden. Je später Änderungen eingebracht werden, desto teurer wird das Ergebnis. Im Vergleich dazu können die Stakeholder beim agilen Projektmanagement immer wieder Einfluss nehmen und die Kosten dafür im Rahmen halten. Der Umgang mit Änderungen wird also deutlich optimiert.

Unabhängig von den Entwicklungen zum agilem Projektmanagement haben Deci/Ryan[2] drei psychologische Grundbedürfnisse des Menschen empirisch nachgewiesen: Kompetenz, Autonomie und soziale Eingebundenheit (Relatedness). Agile Projektarbeit befriedigt gezielt diese Grundbedürfnisse. Kompetenz steht für das Gefühl, möglichst effektiv die als wichtig verstandenen Dinge beeinflussen zu können. Autonomie versteht sich als Gefühl der Freiwilligkeit. Die soziale

---

[2]Vgl. Deci, Edward L. und Richard M. Ryan. 2008. Self-Determination Theory: A Macrotheory of Human Motivation, Development and Health, S. 183. In: Canadian Psychology 49, S. 182–185.

Eingebundenheit definiert die Bedeutung jedes einzelnen im sozio-kulturellen Kontext der Arbeitsgruppe.

Die Befriedigung dieser psychologischen Grundbedürfnisse ist einer der Gründe für die wachsende Beliebtheit agilen Projektmanagements. Es ist daher ein logischer Schritt, die Agilität auch in das Projektmanagement des Live-Marketings zu integrieren, um hier Prozesse effizienter und schneller zu machen sowie die Motivation des Teams zu erhöhen. So können die agilen Werte, Prinzipien, Teamstrukturen, Methoden und Techniken adaptiert werden zum „Agile Event Management".

Ein schönes Beispiel ist die Zusammenarbeit der Agentur VOK DAMS mit einigen Kunden. Im agilen Prozess bestimmt nicht mehr die große Ausschreibung, die mitunter Telefonbuchdicke erreichen kann, die Auswahl der Agentur, sondern im Rahmen eines eintägigen Workshops wird geprüft, ob die Agentur dasselbe Mindset hat wie der Kunde.

# Agiles Mindset

# 2

Unter Mindset verstehen wir eine Grundhaltung, Denkweise oder Geisteshaltung. Es geht also nicht um ein methodisches Tool, sondern um eine Kultur. Das agile Mindset ist die Basis bzw. der Startpunkt für das Agile Event Management auf dem Weg vom agilen Denken zum agilen Handeln und damit letztendlich zur agilen Agentur. Dabei geht das agile Mindset von zwei Grundvoraussetzungen aus. 1) Veränderung findet permanent statt und ich muss mich als Individuum damit auseinandersetzen. 2) Veränderung ist leichter mit positivem Denken zu erreichen als mit Kontrolle und Druck. Es ist daher kein Wunder, dass gerade auch die Verkaufspsychologie sich dieser Denkhaltung bemächtigt hat. Hier sprechen wir gern von der positiven Grundhaltung.

Begriffe wie „Self-fulfilling Prophecy", altero- statt egozentrierter Sprache zeigen Möglichkeiten auf, den Verkaufsprozess positiv zu beeinflussen. Aus zahlreichen Fachbüchern und Studien wissen wir heute, dass eine positive Grundhaltung Gesundheit, Ausstrahlung und Zufriedenheit fördert. Man hat eine positive Ausstrahlung und fühlt sich sichtbar wohl. Diese Menschen können jeder Situation noch etwas Positives abgewinnen und konzentrieren sich in ihrem Handeln auf diese positiven Aspekte. Eine positive Grundhaltung fördert auch die Leistungsfähigkeit. Es ist tatsächlich so, dass unsere Sinnesorgane besser funktionieren. Man ist insgesamt ausgeglichener, hat dadurch eine bessere Merkfähigkeit, ist aktiver und kreativer. Positives Denken fördert außerdem die Kontaktfreude und Beziehungen. Positiv denkende Menschen haben mehr Lebensfreude und mit Personen, die mehr Optimismus und Fröhlichkeit ausstrahlen, kommuniziert man auch viel lieber. Entscheidend aber ist, dass positiv denkende Menschen beruflich erfolgreicher sind. Sie sind mehr auf Lösungen und Chancen fokussiert und haben folglich mehr Möglichkeiten als andere. Was bedeutet das nun für das agile Mindset? Die wichtigste Erkenntnis ist, dass es hier

© Springer Fachmedien Wiesbaden GmbH, ein Teil von Springer Nature 2019
C. M. Dams, *Agiles Event Management*, essentials,
https://doi.org/10.1007/978-3-658-25500-8_2

nicht um die Unterscheidung von Optimisten und Pessimisten geht. Agiles Mindset ist nicht angeboren, sondern kann trainiert und geübt werden.

Das agile Mindset beschreibt die Einstellung, dass Menschen ihre Fähigkeiten durch Lernen erweitern können. Im Gegenteil zum fixed Mindset, das von der Annahme ausgeht, dass Fähigkeiten angeboren – oder ab einem bestimmten Lebensjahr nicht mehr weiterentwickelt werden können. Im fixed Mindset werden daher Herausforderungen als Gefahr gesehen. Gefahren, denen man sich besser nicht aussetzt. Die Angst vor dem Scheitern verhindert es, die Herausforderung als Chance zu sehen.

Genau diese Chancen zu nutzen, sich ständig weiterzuentwickeln, ist der Kern des agilen Mindsets. Mit Hilfe von Versuchen, Fehlern und Anstrengung werden Informationen gesammelt, die Lernen überhaupt erst ermöglichen und damit die Basis für geistiges Wachstum schaffen. Der stetige Wunsch besser zu werden ist der innere Antrieb des agilen Mindsets.

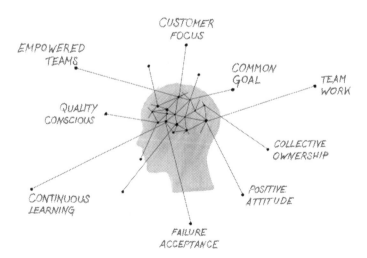

**Abb. 2.1**  Agile Mindset, Grafik VOK DAMS

Zuerst müssen die Rahmenbedingungen zur Veränderung von Teams zu einem agilen Mindset hin geschaffen werden. Eines der wichtigsten Prinzipien lautet „inspect and adapt". Man muss zuerst wissen, warum man „agil" sein soll, welche Aufgaben mit agilem Vorgehen besser gelöst werden können, was eigentlich agiles Vorgehen bedeutet und wo die konkreten Vorteile dieses Vorgehens liegen. Darauf aufbauend muss das Team dann in vielen praktischen Schritten selbst erleben, welchen Mehrwert ihm die agile Denkweise bietet. Das braucht zum einen Zeit, zum anderen auch jemanden, der diesen Prozess mit seiner Expertise begleitet. Und es braucht viel positive Erfahrung, um von klassischen, plangetriebenen Ansätzen vollständig Abstand nehmen zu können.

Halten wir fest: Für die erfolgreiche Einführung von Agilem Event Management ist das agile Mindset die Basis. Es stellt sich die Frage, wie lässt sich das bereits natürlich vorhandene agile Mindset fördern und ausbauen? Persönliche und institutionelle Erfahrungen definieren die gelebten Normen und Werte. Feedback und Lob haben damit eine entscheidende Bedeutung für das Leben der Normen und Werte in der Organisation. Neben dem Loben von Ergebnissen fördert die positive Erfahrung mit Eigeninitiative, Selbstständigkeit, Bereitschaft, Einsatz und Anstrengung das agile Mindset nachhaltig (siehe Abb. 2.1).

# Transformation vom agilen Projektmanagement zum Agile Event Management

**3**

## Agile Grundwerte im agilen Projektmanagement

Um agiles Projektmanagement zu verstehen, unterscheidet man zwischen agilen Grundwerten, Prinzipien, Techniken und Methoden. Ausgehend vom Agilen Manifest bilden die agilen Grundwerte das Fundament:

- **Individuen und Interaktionen stehen über Prozessen und Werkzeugen** (Engl.: Individuals and interactions over processes and tools)
- **Funktionierende Software steht über einer umfassenden Dokumentation** (Engl.: Working software over comprehensive documentation)
- **Zusammenarbeit mit dem Kunden steht über der Vertragsverhandlung** (Engl.: Customer collaboration over contract negotiation)
- **Reagieren auf Veränderung ist wichtiger als das Festhalten am Plan** (Engl.: Responding to change over following a plan)

Diese Werte beziehen sich auf die agile Softwareentwicklung, lassen sich aber konkret auf das Agile Event Management übertragen. Hierdurch wird deutlich, dass im Event Management bereits eine natürliche Agilität vorhanden ist. Festzuhalten bleibt, dass diese Werte nicht ein „entweder – oder" sondern mit einem „steht über"/„ist wichtiger als" die Priorisierung definieren.

Reagieren auf Veränderung ist wichtiger als das Festhalten am Plan – beschreibt beispielsweise die Priorisierungsrangfolge. Es bietet sich an, gemeinsam in der Organisation ein individuelles agiles Manifest zu erarbeiten. Gemeinsam wird der Anspruch definiert, wie sich das Team einer agilen Organisation verhält. Weiterhin definiert das Manifest, aus welchem Mindset heraus jede Handlung abgeleitet wird.

© Springer Fachmedien Wiesbaden GmbH, ein Teil von Springer Nature 2019
C. M. Dams, *Agiles Event Management*, essentials,
https://doi.org/10.1007/978-3-658-25500-8_3

## Agile Grundwerte des Agile Event Managements

Die im Folgenden genannten Grundwerte beruhen auf der Erfahrung in der Agenturarbeit in der praktischen Umsetzung des Agile Event Managements:

**Menschen und ihre Zusammenarbeit sind wichtiger als Prozesse und Werkzeuge**
In der Live-Kommunikation geht es um Menschen – die direkte erlebnis- und ergebnisorientierte Kommunikation mit Menschen. Das auch hier der Mensch bei der Gestaltung des Erlebnisses im Mittelpunkt steht, müsste eigentlich selbstverständlich sein. In vielen Fällen haben aber Prozesse und Werkzeuge höhere Prioritäten als die Menschen übernommen. Dieses widerspricht dem agilen Gedanken. Prozesse und Technologien sind aus professionellem Event Management nicht wegzudenken – sie dürfen aber nicht Selbstzweck werden. Gerade in der Agentur ist ein erfolgsbestimmendes Moment die interne Kommunikation im Team.

**Das Ergebnis ist wichtiger als der schriftliche Nachweis von einzelnen Tätigkeiten**
Live-Kommunikation ist immer zeitpunktbezogen. Wenn die Gäste eingeladen sind, ob zu einer Jubiläums-Gala, Messe oder Führungskräftetagung, steht der Termin fest. Compliance, Revisionssicherheit und Budgetverantwortungen zwingen heute zu einer oft ausufernden Dokumentation aller Entscheidungen und Arbeitsschritte. Das lässt sich nicht vollständig vermeiden – darf aber nicht zur Belastung des Teams führen. Am Ende des Tages zählt das gemeinsam erreichte messbare Ergebnis und nicht die beweisbar dokumentierte Absicherung.

**Zusammenarbeit auf Augenhöhe ist wichtiger als Vertragsverhandlungen**
Gerade bei zeitkritischen Projekten ist die Gefahr hoch, im Rahmen der Vertragsverhandlungen wertvolle Kreations- und Umsetzungszeit zu verlieren. Vertrauen ist hier die Basis. Ständiges Feedback zwischen Kunde und Agentur sowie ein offener Dialog oder offener Austausch auf Augenhöhe stellen dieses Vertrauen sicher. Dieser Wert bezieht sich konkret auf die Kundenbeziehung. Der Dialog zwischen Kunde und Agentur ist hier als wichtigstes Erfolgsmerkmal anzusehen. Dabei sind Verträge nicht unwichtig, sie sind dabei aber die Zusammenfassung der vertrauensvollen Zusammenarbeit auf Augenhöhe.

**Reagieren auf Veränderungen ist wichtiger als das Festhalten am Plan**
Kunden, ihre Marken und Produkte unterliegen unzähligen externen Einflussfaktoren. Sei es ein Streik, der eine Airline auf dem Boden hält, die Rückrufaktion eines Produktes oder eine plötzliche politische Entscheidung, die ganze Marktsegmente zerstört. Proaktives Handeln ist für agile Organisationen extrem wichtig im Vergleich zum reinen Reagieren auf Veränderungen. Damit ist auch zu hinterfragen, welche Aufgaben jetzt erledigt werden müssen.

Die agilen Grundwerte unterstreichen noch einmal nachdrücklich den Nutzen des agilen Event Managements:

- Mehr Effizienz
- Mehr Innovation
- Mehr Spaß

# Agile Prinzipien

## 4

## Agile Prinzipien des agilen Projektmanagements

Auf der Basis der agilen Werte bauen die agilen Prinzipien auf. Hier wurden im agilen Projektmanagement ursprünglich 12 „Gebote" entwickelt. Einige beziehen sich sehr spezifisch auf den Software-Entwicklungsprozess und werden hier vernachlässigt.

### Iteration/Inkremente

Die Projektarbeit erfolgt Schritt für Schritt. Nach jedem Schritt wird das Feedback des Kunden eingeholt – beispielsweise wird der Kunde in einzelne Location-Recherche-Ergebnisse eingebunden. Nach jeder Iteration sieht der Kunde ein funktionierendes Teilprodukt Inkrement – beispielsweise den grafischen Entwurf einer Einladungskarte.

### Einfachheit

Es werden nur Arbeiten gemacht, die auch tatsächlich notwendig sind. Überflüssiges wird vermieden.

### Veränderung begrüßen

Veränderungen im Projektverlauf werden vom Team als Chance gesehen und begrüßt.

### Reviews

Dem Kunden werden regelmäßig Teilergebnisse präsentiert und sein Feedback eingefordert.

© Springer Fachmedien Wiesbaden GmbH, ein Teil von Springer Nature 2019
C. M. Dams, *Agiles Event Management,* essentials,
https://doi.org/10.1007/978-3-658-25500-8_4

**Retrospektiven**
Regelmäßig wird die eigene Arbeit im Team reflektiert und optimiert.

**Selbstorganisierte Teams**
Die Teammitglieder organisieren sich untereinander.

Dies hat zur Folge, dass intensiver, effizienter gearbeitet und Verantwortung übernommen wird. Die neue Flexibilität im Projekt erfordert ein Umdenken aufseiten
des Kunden und der Agentur. Die Iteration = Wiederholung – ist einer der wichtigsten Bestandteile des agilen Projektmanagements. Im klassischen Projektverlauf
wurde in Phasen gearbeitet. Diese benötigten lange Zeiträume – erst am Ende einer
Phase wurden dem Kunden die Arbeitsergebnisse präsentiert. Bei agilen Projekten
werden diese Zeiträume stark verkürzt. Arbeitsergebnisse werden in einem frühen
Stadium ausgetauscht und wertvolles Feedback eingefordert. Diese ständige Einbindung des Kunden in den Prozess führt zu einem besseren Gesamtergebnis.

Änderungswünsche im Projektverlauf zu begrüßen ist eine der größten
Herausforderungen für Teams, die lange in klassischen Projektmanagement-
Zusammenhängen gearbeitet haben. Der agile Prozess erlaubt nicht nur
Veränderung, sondern begrüßt sie auch. Während im klassischen Projekt Veränderungen immer als Problem gesehen werden, werden sie im agilen Projekt als
Chance wahrgenommen. Nicht jede gewünschte Änderung ist auch sinnvoll. Hier
kommt es auf die Beratungskompetenz im Team an – den Kunden kompetent zu
beraten und vom gemeinsamen Ergebnis zu überzeugen.

Nur das Notwendige erledigen und das Überflüssige vernachlässigen liest
sich logisch. Jedoch ermöglicht das iterative Vorgehen mit kurzen Abstimmungsintervallen dies erst. Es erfolgt eine Konzentration auf das Arbeiten im jeweiligen Zyklus der Iteration. Das gut gemeinte vorausschauende Arbeiten – also das
Erledigen von angenommenem, zukünftig Gewünschtem – birgt die Gefahr des
Erarbeitens von Überflüssigem.

Mit dem Ziel, die höchstmögliche Kundenzufriedenheit zu garantieren, bieten
fortlaufende Reviews (Austausch mit dem Kunden) die Möglichkeit, sich ständig
ändernde Projektanforderungen zu hinterfragen. Dies ist die Grundvoraussetzung
für ein erfolgreiches Review und den nächsten Projektschritt. Review-Termine
lassen sich bereits periodisch im Projektverlauf einplanen.

Die Retrospektive ist die Basis des ständigen Verbesserungsprozesses im
Team. In regelmäßigen Abständen überlegt das Team, wie es effektiver und effizienter werden kann und passt dementsprechend sein Verhalten an. Im Team
führt man einen offenen Dialog und hinterfragt gemeinsam kritisch, wie das
Team – aber auch jedes einzelne Team-Mitglied – arbeitet und mit den anderen

Team-Mitgliedern kooperiert. Im klassischen Projektmanagement erfolgt meist nur ein „Lessons Learned"-Meeting nach Projektabschluss mit einer schriftlichen Analyse, die in den meisten Fällen keinen Einfluss auf Folgeprojekte hat. Regelmäßige Retrospektiven im Projektverlauf ermöglichen, dass man die Verbesserung im aktuellen Projekt umsetzen kann. Das Projektergebnis profitiert.

Die Selbstorganisation des Teams ist eines der wichtigsten Prinzipien im agilen Projektmanagement. Vom Stärken der Selbstorganisation profitieren viele Teams unmittelbar. In erster Linie heißt **Selbstorganisation:**

**Selbst entscheiden, was bearbeitet wird**
Das Team entscheidet selbst, wie es seine Kapazitäten nutzt – welche Arbeitslast es bewältigen kann.

**Selbst entscheiden, wann es bearbeitet wird**
Jedes einzelne Team-Mitglied entscheidet, welches Arbeitspaket als nächstes bearbeitet wird bzw. welcher Arbeitsschritt als nächster sinnvoll ist.

**Pro-aktives Unterstützen**
Das Team unterstützt sich gegenseitig.

Der Vorteil der Selbstorganisation liegt im Übergang zur Selbstverantwortung. Die Fähigkeit jedes Einzelnen, Verantwortung zu übernehmen, wird gefördert. Eine große Chance für jedes Teammitglied – aber Freiheit ist auch immer eine Herausforderung. Jedes einzelne Teammitglied sieht sich in der Gesamtverantwortung für den Projekt-Erfolg. Auch selbstorganisierte Teams brauchen Führung. Führung von selbstorganisierten Teams ist jedoch anders als hierarchische Führung. Hier unterstützen die agilen Prinzipien.

## Agile Prinzipien des Agile Event Managements

Beim Transfer der agilen Prinzipien in das Agile Event Management wurde jedes einzelne Prinzip überprüft und für die tägliche Arbeit im Projekt adaptiert.

Im Rahmen der Umstellung einer Agentur legt das Team gemeinsam Leitlinien fest, die Anleitung und Orientierung geben. Diese werden in der täglichen Arbeit immer wieder neu konkretisiert und ständig hinterfragt. Im Anschluss an die gemeinsame Erstellung eines „Agilen Manifests" werden Prinzipien definiert, die als Leitfaden in den täglichen Arbeitsprozessen dienen. Nachfolgend die beispielhafte Umsetzung eines „Agilen Manifests".

1. **Veränderung begrüßen**
   Veränderungen im Projektverlauf werden als normal angesehen und führen nicht zu Verstimmungen im Team. Das Team begreift Veränderung als Chance und begrüßt Änderungen der Anforderungen, auch wenn diese sich erst im Laufe des Projektes ergeben. Agile Prozesse nutzen dabei den permanenten Wandel zum Nutzen des Kunden.

2. **Iteration/Inkremente**
   Die Projektarbeit erfolgt Schritt für Schritt. Das Team definiert, wie viele Schritte benötigt werden und den zeitlichen Rahmen.

3. **Retrospektiven**
   Regelmäßig wird die eigene Arbeit im Team reflektiert und ständig verbessert. Das Team reflektiert in regelmäßigen Abständen darüber, wie es noch effektiver und effizienter werden kann und passt sein Verhalten daraufhin an. (Detaillierte Beschreibung siehe Kap. 6 unter Agile #Hacks)

4. **Reviews**
   Regelmäßig werden gemeinsam mit dem Kunden Teilergebnisse präsentiert und sein Feedback eingefordert. Kunde und Agentur müssen intensiv im Projekt zusammenarbeiten. (Detaillierte Beschreibung siehe Kap. 6 unter Agile #Hacks)

5. **Zeit**
   Es werden nur Arbeiten gemacht, die auch tatsächlich notwendig sind, denn Zeit ist das höchste Gut im Projektprozess.

6. **Selbstorganisierte Teams**
   Die Teams organisieren sich selbst. Dies hat zur Folge, dass sowohl intensiver und effizienter gearbeitet als auch Verantwortung übernommen wird. Die besten Strategien, Konzepte und Umsetzungsideen entstehen in Teams, die sich selbst organisieren.

7. **Teamunterstützung**
   Setze Teammitglieder mit agilem Mindset in den Projekten ein. Gib ihnen die nötige Umgebung und Unterstützung und vertraue ihnen, den Job bestens zu erledigen.

8. **Face-to-Face Kommunikation**
   Die Kommunikation von Angesicht zu Angesicht ist die effizienteste und effektivste Art der Informationsweitergabe an und in einem agilen Team (vor allem, wenn es sich – wie eine Event-Agentur – mit direkter Kommunikation mit definierten Zielgruppen beschäftigt).

9. **Teamentwicklung**
   Agile Prozesse unterstützen nachhaltige Entwicklung. Das Projektteam (Kunde + Agentur + Partner) sollte dabei auf ein gleichbleibendes Tempo ohne Unterbrechung achten.

**10. Agiles Mindset**

Das agile Mindset wird benötigt, um Horizonterweiterung, Streben nach Innovationen und Anwendung von Trends zu fördern.

**11. Qualitätsanspruch**

Das Team liefert pünktliche, qualitativ hochwertige, kreative und dabei auch wirtschaftliche Lösungen während des gesamten Projektverlaufs.

**12. Einfachheit**

Einfachheit ist essenziell.

VOK DAMS, eine der bekanntesten Agenturen für Live-Marketing in Deutschland, hat in einem mehrstufigen Prozess die agilen Grundwerte und Prinzipien neu definiert (siehe Abb. 4.1).

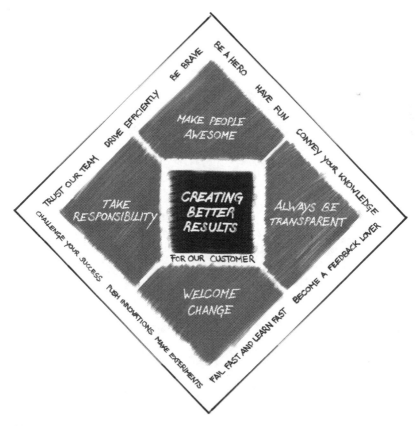

**Abb. 4.1** Teamergebnis VOK DAMS Agile Days, Grafik VOK DAMS

# Agile Methoden

# 5

Es gibt mittlerweile eine Vielzahl von agilen Methoden, die den Rahmen für agile Techniken schaffen. Die am weitesten verbreitete, agile Methode ist Scrum[1]. Scrum kommt eine besondere Stellung zu, da es – aus der Software-Entwicklung entstanden – sehr offen formuliert wurde. Die beiden ebenso bekannten und genutzten Methoden sind Kanban und Design Thinking.

## Scrum in Kürze

Scrum ist die bekannteste Methode für agiles Projektmanagement. Es definiert drei Rollen, die für den Prozess verantwortlich sind – den Product Owner, den Scrum Master und das Team.

Der Product-Owner ist dafür verantwortlich, den Wert des Produktes zu maximieren. Für die Erreichung dieses Ziels erstellt er das Product Backlog – eine Liste mit priorisierten Anforderungen.

Der Scrum Master ist der Coach des Teams. Er koordiniert, moderiert und ist für das Prozessmanagement zuständig. Er hält dem Team den Rücken frei, klärt etwaige Hindernisse ab und räumt sie aus dem Weg, sodass sich das Team auf die vereinbarten Ziele konzentrieren und eine höhere Qualität liefern kann. Er moderiert die Meetings.

Das Team ist eine heterogene, multidisziplinäre Gruppe ohne starre hierarchische Strukturen und besteht aus 3–9 Mitgliedern, die sich selbst organisieren.

---

[1]Schwaber, Ken und Jeff Sutherland. 2016. The Scrum Guide, S. 7 ff. http://www.scrumguides.org/docs/scrumguide/v2016/2016-Scrum-Guide-German.pdf.

© Springer Fachmedien Wiesbaden GmbH, ein Teil von Springer Nature 2019
C. M. Dams, *Agiles Event Management,* essentials,
https://doi.org/10.1007/978-3-658-25500-8_5

Der Arbeitsprozess ist in Sprints und Daily Scrum Meetings unterteilt. Der Sprint definiert einen Zyklus über mehrere Tage (i. d. R. 14–30 Tage), in welchem an der praktischen Umsetzung gearbeitet wird. Während eines Sprint Planning Meetings werden in einer Aufgabenliste, Sprint Backlog genannt, Aufgaben definiert, die innerhalb des Sprints vom Entwicklungsteam bearbeitet werden sollen. Die Aufgaben werden aus den hoch priorisierten Anforderungen des Product Backlog abgeleitet.

Im Daily Scrum Meeting werden täglich – innerhalb von 15 min – anhand der nachfolgenden drei Fragen der Arbeitsfortschritt und die nächsten Aufgaben besprochen bzw. über entstandene Probleme berichtet.

1. Was habe ich seit dem letzten Daily Scrum erledigt, das uns dem Sprint-Ziel näherbringt?
2. Welche Hindernisse sehe ich auf dem Weg zum Sprint-Ziel?
3. Was plane ich, bis zum nächsten Daily Scrum zu erledigen, das uns dem Sprint-Ziel näherbringt?

Am Ende jedes Sprints werden die Ergebnisse dem Product Owner und den sogenannten Stakeholdern (Kunde) in Sprint-Reviews präsentiert.

Nach dem Sprint Review findet die Sprint-Retrospektive statt. Hier werden vom Entwicklungsteam und Product Owner Erfahrungen ausgetauscht, um Verbesserungsmöglichkeiten zu erkennen, die sie im nächsten Sprint umsetzen wollen.

Das Feedback des Reviews und der Retrospektive fließt in das Sprint-Planning-Meeting vor dem nächsten Sprint ein und so schließt sich der Kreis, so lange, bis die Vision Wirklichkeit ist.

Die Vorteile von Scrum:

- Der Kunde erlebt mit, wie seine Aufgabe umgesetzt wird
- klar definierte Rollen
- strukturierter, dennoch flexibler Prozess
- höchstmögliche Transparenz bezüglich aktuellem Entwicklungsstand sowie Hemmnissen ermöglicht zeitnahes Gegensteuern
- ausgeprägter Team-Gedanke – vielfach bessere Endergebnisse durch gruppendynamische Prozesse und gegenseitige Motivation
- effezienteres, konzentriertes und fokussiertes Arbeiten durch die schrittweise Realisierung
- Gewährleistung eines kontinuierlichen Verbesserungsprozesses
- Fokus auf Qualität: Wertschöpfung steht stärker im Vordergrund als die Einhaltung einer Frist.

# Kanban in Kürze[2]

David J. Anderson hat die Software Kanban entwickelt. Die erste Kanban-Implementierung für Softwareentwicklung im Jahre 2005 geht auf ihn zurück. David Anderson ist einer der Begründer agiler Softwareentwicklung, indem er mitgeholfen hat, Feature Driven Development zu entwickeln.

Nach Anderson sind es sechs Praktiken, die Unternehmen in ihre Arbeitsweise integrieren, wenn sie Kanban anwenden:

## Visualisiere den Prozessverlauf der Arbeit

Die Wertschöpfungskette mit all ihren verschiedenen Prozessschritten (zum Beispiel Anforderungsdefinition, Programmierung, Dokumentation, Test, Inbetriebnahme) wird gut sichtbar für alle Beteiligten visualisiert. Dafür wird ein Kanban-Board (in der Regel ein großes Whiteboard) verwendet, auf dem die unterschiedlichen Stationen als Spalten dargestellt werden. Die einzelnen Anforderungen (es können Tasks, Features, User Stories, Minimal Marketable Features (MMF) usw. sein) werden auf Karteikarten oder Haftnotizen festgehalten und durchwandern mit der Zeit als sogenannte Tickets das Kanban-Board von links nach rechts.

## Begrenze die Menge angefangener Arbeit

Die Anzahl der Tickets (Work in Progress – WiP), die gleichzeitig in einem Bereich bearbeitet werden dürfen, wird limitiert. Wenn beispielsweise die Programmierung gerade zwei Tickets bearbeitet und das Limit für diese Station zwei beträgt, darf sie kein drittes Ticket annehmen, auch wenn die Anforderungsdefinition ein weiteres bereitstellen könnte. Hierdurch entsteht ein Pull-System, bei dem sich jede Station ihre Arbeit bei der Vorgängerstation abholt, anstatt fertige Arbeit einfach an die nächste Station zu übergeben.

## Miss und steuere den Fluss

Die Mitglieder eines Kanban-Prozesses messen typische Größen wie Längen von Warteschlangen, Zykluszeit und Durchsatz, um festzustellen, wie gut die Arbeit organisiert ist, wo man noch etwas verbessern kann und welche Versprechen man an die Partner geben kann, für die man arbeitet. Dadurch wird die Planung erleichtert und die Verlässlichkeit gesteigert.

---

[2]Leopold, Klaus. 2017. Kanban in der Praxis. München: Carl Hanser, S. 1 ff.

**Mache die Regeln für den Prozess deutlich**
Um sicherzustellen, dass alle Beteiligten des Prozesses wissen, unter welchen
Annahmen und Gesetzmäßigkeiten man arbeitet, werden möglichst alle Regeln,
die es gibt, deutlich gemacht. Dazu gehören z. B. eine Definition des Begriffes
„fertig", ähnlich der Definition of Done in Scrum, Bedeutung der einzelnen Spalten, Antworten auf die Fragen: wer zieht, wann zieht man, wie wählt man das
nächste zu ziehende Ticket aus der Menge der vorhandenen Tickets aus usw.

**Fördere Leadership auf allen Ebenen**
Verbesserung kann nur funktionieren, wenn sich alle Ebenen in der Organisation
daran beteiligen. Besonders wichtig ist es, dass Mitarbeiter, die praktische Arbeit
verrichten, "Führungsverhalten" zeigen und konkrete Verbesserungsvorschläge
einbringen.

**Verwende Modelle, um Chancen für gemeinsame Verbesserungen zu erkennen**
Modelle sind Vereinfachungen über den Prozess. Ein beliebtes Modell ist z. B. das
von Wert, Fluss und Verschwendung aus der „Lean IT". Andere Modelle basieren
auf den Ideen von Deming oder auf der Engpasstheorie, auf systemischem Denken oder auf der Komplexitätstheorie. Modelle können dabei helfen, ein besseres
Prozessverständnis zu erreichen und Experimente zu finden, die zu einer Verbesserung des Prozesses führen.

Die Visualisierung und die Begrenzung des WiP sind einfache Mittel, mit
denen rasch sichtbar wird, wie schnell die Tickets die verschiedenen Stationen
durchlaufen und wo sich Tickets stauen. Die Stellen, vor denen sich Tickets häu-
fen, während an den nachfolgenden Stationen freie Kapazitäten vorhanden sind,
werden als Bottlenecks bezeichnet. Durch Analysen des Kanban-Boards können
immer wieder Maßnahmen ergriffen werden, um einen möglichst gleichmäßi-
gen Fluss zu erreichen. Beispielsweise können die Limits für einzelne Stationen
verändert werden, es können Puffer eingeführt werden (insbesondere vor Bottlenecks, die durch nur zeitweise Verfügbarkeit von Ressourcen entstehen), die
Anzahl der Mitarbeiter an den verschiedenen Stationen kann verändert werden,
technische Probleme werden beseitigt usw. Dieser kontinuierliche Verbesserungs-
prozess (japanisch: Kaizen) ist wesentlicher Bestandteil von Kanban.

## Design Thinking in Kürze

Der irreführende Name Design Thinking legt eine trügerische Nähe zum Agentur-
geschäft nahe. Aber bei Design Thinking geht es nicht um Design in seiner
agentur-üblichen Bedeutung. Im Gegenteil – es geht eher um das direkte Umwandeln

von abstrakten Momenten in anfassbare Dinge. Es geht also nicht um (Event-)Design sondern um das Neu-Erfinden und das direkte Machen.

Design Thinking nutzt einen empathischen, intuitiven und praktischen Ansatz. Der Schwerpunkt liegt auf der visuellen und interaktiven Vermittlung und Kommunikation von Innovationen. Nicht zu verwechseln mit dem „Verpacken" bereits bestehender Ideen.

Rückblickend lassen sich die Wurzeln von Design Thinking wahrscheinlich bereits in dem Leitsatz „form follows function", geprägt von den amerikanischen Architekten der Chicago School, erkennen. Der Ausspruch „form follows function" stellt hier eine erste erkennbare Nutzerorientierung dar – der spätere Nutzer steht im Mittelpunkt allen Tuns.

Erfunden wurde Design Thinking bereits in den 1970/80er Jahren von den Gründern der späteren Innovationsagentur IDEO an der Stanford University[3]. Bekanntheit erlangte die Methode mit der Förderung durch SAP Gründer Hasso Plattner. Aus der Zusammenarbeit der Stanford University und dem Hasso-Plattner-Institut in Potsdam ging 2007 die School of Design Thinking[4] hervor.

Vereinfacht dargestellt, sind die Kernaussagen von Design Thinking:

* Bedürfnis des Anwenders/Nutzers oder auch Nutzerbedürfnis
* Multidisziplinarität
* Iterative Vorgehensweise

**Nutzerzentriertheit**

Im Design Thinking ist die Nutzerorientiertheit der Startmoment jeder Aufgabenstellung. Es geht nicht darum, einem zukünftigen Nutzer/Kunden eine Lösung zu „verkaufen", sondern sich direkt zu Beginn in den Nutzer/Kunden hineinzuversetzen. Erst in einem weiteren Schritt werden die technisch-machbaren Möglichkeiten sowie die wirtschaftlichen Aspekte betrachtet.

Zu Beginn des Design Thinking Prozesses steht das gezielte Verständnis des tatsächlichen Nutzerbedürfnisses, mit dem Ziel, eine nutzer-/kundennahe Lösung zu finden. Der Prozess beginnt mit dem Verstehen der eigentlichen Problemstellung, um sicherzugehen, dass die Ursache des Problems freigelegt wurde, das für den Nutzer gelöst werden muss oder ob zuerst an ganz anderen Problemen gearbeitet werden muss, um zu einer Lösung zu kommen. Mit Hilfe von Problem-Hypothesen

---

[3]https://www.ideo.com/.

[4]https://hpi.de/school-of-design-thinking.html.

wird eine breite Ausgangslage geschaffen. Der Design Thinking Prozess hilft hieraus, auf mögliche Lösungswege zu kommen.

**Heterogenes Team**
Die vorherrschende Annahme bei der Entwicklung von Design Thinking war, dass Multidisziplinarität vor individuellem Spezialistentum steht. Designer und Ingenieure taten sich in einem frühen Stadium der Ideenentwicklung zusammen, anstelle in ihrem Silo zu starten und erst im späteren Projektverlauf zu kooperieren. Der Ansatz: Erst die Summe der unterschiedlichen Blickwinkel und Expertisen bringt eine tragbare Lösung und beleuchtet das Problem von allen Seiten.

Design Thinking ist damit eine strukturierte Methode, um gemeinsam Lösungen und Innovationen zu entwickeln. Es gilt, das störende Silodenken abzuschaffen und eine offene 360°-Perspektive zu entwickeln.

**Iterative Vorgehensweise**
Iterative Vorgehensweisen sind bei allen agilen Methoden systemimmanent. Diese aus der Informatik entspringende Systematik ermöglicht eine fortwährende Kultur des Lernens. Frühes und häufiges Scheitern wird im Prozess nicht mehr als Fehlverhalten gerügt – sondern als eine der wichtigsten Momente in kostensparenden Innovationsprozessen gefeiert. Die School of Design Thinking spricht hier von „Lernend nach vorne gehen". Dabei besteht immer die Möglichkeit, dass man auch einen Schritt zurückgehen kann, wenn das Ergebnis/Prototyp nicht den gewünschten Effekt bringt.

Eine der bekanntesten Methoden des Design Thinking im Marketing ist das Customer Journey Mapping, hier werden die Interaktionen potenzieller Kunden und damit erkennbare Präferenzen, Erlebnisse und Emotionen an möglichst vielen Touchpoints gemessen und dargestellt. Befragungen und Interviews werden hierzu mit technisch gemessenen Daten verbunden. Die sich hieraus ergebenden Nutzermodelle bezeichnet man als Persona[5]. Ein fiktiver Charakter, der vielfältige Bündel von Merkmalen in sich vereint wie Alter, Geschlecht, Charakter, Hobbys, Beruf etc. (siehe Abb. 5.1).

Design Thinking ist also mehr als nur eine Methode, Ansatz oder Prozess – Design Thinking wird als Haltung verstanden, die die Unternehmenskultur prägt.

---

[5]Vgl. Lewrik, Michael. 2018. Design Thinking. Radikale Innovationen in einer digitalisierten Welt. München: C.H. Beck Verlag, S. 5 ff.

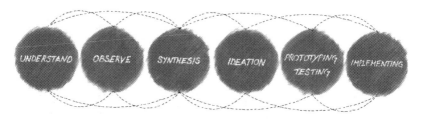

**Abb. 5.1** Design Thinking Prozess, Grafik VOK DAMS

Nach Betrachtung der unterschiedlichen Ansätze der agilen Methoden scheint die Methode Scrum die am besten geeignete Methode zur Adaption verschiedener Elemente auf die Arbeit einer Agentur für Live-Marketing zu sein. Ergänzt werden im Agile Event-Management allerdings auch Elemente aus den anderen Methoden. Ein wichtiger Bestandteil des Agile Event-Management, wie es von VOK DAMS umgesetzt wird, ist das QM-System, das sich die weltweit operierende Agentur für Events und Live-Marketing seit nunmehr 20 Jahren jedes Jahr vom TÜV zertifizieren lässt.

Wie bereits erwähnt, dient das Agile Event Management nicht dem Selbstzweck, sondern

- erhöht die Effizienz
- steht für Innovation
- und verstärkt für Team den Spaß an der Arbeit

Daher ist eine genaue Auswahl der Tools oder Hacks zur Umsetzung des Agile Event Management besonders wichtig. Nur was sich in der Praxis bewährt hat, kann letztendlich Eingang in das Agile Event Management finden.

# Agile Projektumsetzung

## 6

Der Agile Event Management-Prozess beginnt analog zum klassischen Projektmanagement mit einer Projekt-Initiierung. Es folgen Planung, Durchführung (vor Ort), Nachbereitung und Abschluss.

## Projekt-Initiierung & ROI (Return on Invest)

Da Live-Marketing ein fester Bestandteil einer Markenstrategie ist, mit dem Ziel, Umsatz und Gewinn zu erhöhen, lautet die erste Frage: „Wie schaffen wir Business-Value?" Damit stellt sich die Frage nach einer Evaluierung der Live-Marketing Maßnahme. Es ist daher wichtig, dass sich zu Beginn Kunde und Agentur einig sind über die Zielsetzung und die Zielgruppe des Events.
Zwei einfache Leitfragen helfen in diesem Prozess:

- Was sollen die Teilnehmer nach dem Event (anders) machen?
- Warum tun sie dies nicht jetzt schon?

Während die erste Frage auf die Zielsetzung einzahlt, hinterfragt die zweite sehr bewusst, ob ein Event überhaupt das richtige Mittel zum Erreichen dieser Verhaltensveränderung bei den Teilnehmern sein kann. Jede Zielsetzung muss messbar sein, ansonsten lässt sich das Erreichen nicht validieren.
Evaluierung ist also nichts anderes als der Abgleich von Zielsetzung und Ergebnis. Falls keine besondere Evaluierungs-Methode gefordert ist, hat sich die ROI Methode bewährt.

© Springer Fachmedien Wiesbaden GmbH, ein Teil von Springer Nature 2019
C. M. Dams, *Agiles Event Management,* essentials,
https://doi.org/10.1007/978-3-658-25500-8_6

**Abb. 6.1** ROI Pyramide,
Grafik VOK DAMS,
inspired by Event ROI
Institute

Die Nutzung eines etablierten Return-on-Investment (ROI) Prozesses in Anlehnung an Kirkpatrick/Phillips ROI Methodology Modell[1] bietet sich an. Auch wenn das System in erster Linie als Evaluierungstool für Trainings in den 1980er Jahren entwickelt wurde, lässt es sich in Grundzügen als Initiierungs- und Planungstool auf Event-Projekte übertragen. Auf dieser Basis hat das Event ROI Institute um Hamso/Dzeik[2] einen praktikablen Event ROI Prozess entwickelt. Jeder Level bedingt klare Erfolgskriterien (KPIs – Key Performance Indicators) (siehe Abb. 6.1).

Die Spitze (Level 5) bildet der eigentliche ROI – rechnerisch das Netto-Ergebnis des Events (abzüglich aller eventbezogenen Kosten). Der ROI definiert damit den messbaren Wert der Veranstaltung. Der Impact Level 4 besagt, welches Handeln zum eigentlichen ROI führt. Steigerung der Verkaufszahlen ist hier meist der zum ROI führende Impact. Die Verhaltens Objectives Level 3 beantworten die eigentliche Leitfrage „Wie sollen die Teilnehmer auf/nach dem Event konkret handeln?". Die Learning Objectives Level 2 beantworten die Frage „Was müssen die Teilnehmer lernen – damit sie so handeln können?". Die Learning Environment Objectives Level 1 definieren das optimale Umfeld, um Lernen zu ermöglichen. Level 0 definiert die Target Audience – die eigentliche Zielgruppe. Auch wenn es banal

---

[1] Vgl. Kirkpatrick, JJ: Evaluating corporate training: Models and issues. Berlin: Springer, 1998.
[2] https://eventroi.org/methodology/.

erscheint, scheitern Projekte nicht selten bereits auf Level 0, wenn nicht die richtige Entscheider-Zielgruppe zu dem Event eingeladen wurden.

Ein professioneller ROI Prozess ist in agilen Projekten unabdingbar, jedoch aufwendig zu implementieren und erwartet eine hohe Reflexionsbereitschaft aller Stakeholder. Viele Unternehmen kombinieren die Entwicklung eines Event ROI Prozesses mit der Einführung eines Corporate Event Guides. Ähnlich wie ein Style Guide für digitale oder analoge Kommunikationsmaßnahmen definiert ein Corporate Event Guide klare Vorgaben für die Level 0 und 1. Prozesse werden oft standardisiert in einem Event Manual zusammengefasst.

Unternehmen, die den Beratungs- und Implementierungsaufwand eines Event ROI Systems scheuen, laufen Gefahr, auf Level 1 Learning Environment zu verharren. Evaluation besteht dann aus der Abfrage „Wie hat Ihnen das Hotel gefallen?".

Eine einfache – wenn auch wissenschaftlich umstrittene – Evaluationsmethode ist der Fokusgruppen-Vergleich. Angenommen, die richtige Zielgruppe wurde zum Event eingeladen, wird es immer Teilnehmer geben, die aus verschiedenen Gründen (Urlaub, Krankheit, Kundentermine etc.) nicht teilnehmen konnten. Daraus ergibt sich automatisch eine Vergleichsgruppe. Mit dieser Vergleichsgruppe lässt sich relativ einfach prüfen, wie sich das Verhalten/Impact Level 4 entwickelt hat. Vergleicht man nun die Teilnehmer mit den Nicht-Teilnehmern, lassen sich hier bereits Tendenzen ablesen.

## Agile #Hacks

Es gibt eine Vielzahl agiler Techniken, Tools oder #Hacks. Ohne den Anspruch auf Vollständigkeit zu erheben, haben sich nach eingehender Prüfung, Experimentieren und dem praktischen Einsatz die im Folgenden beschriebenen Techniken bei der Einführung des Agile Event Managements bewährt. Besonderer Wert wurde auf die Einfachheit der Einführung, den direkt spürbaren Nutzen und damit die Akzeptanz der Projektbeteiligten gelegt.

### Tasks

Tasks entsprechen der kleinsten Einheit eines Aufgabenpaketes. Im Agile Event Management (AEM) werden Tasks nach Gewerken sortiert. Gewerke übergreifend werden aus den Tasks Sinnabschnitte als Sprint zusammengefasst.

Ein professionelles AEM erfordert eine produktive Software Unterstützung. Bewährt haben sich hier beispielsweise die Software-Produkte JIRA und TRELLO von Atlassian. Der organisationsweite Roll-out eines solchen Systems ist mit hohem zeitlichen und kapazitären Aufwand verbunden. Aus diesem Grund konzentrieren wir uns hier auf die „offline"-Variante zur besseren Veranschaulichung der agilen Techniken und Tools.

Im Unterschied zur traditionellen Projekt-Herangehensweise setzt AEM auf die Selbstorganisation des Teams. Im Rahmen eines initialen Projektmeetings definiert das Team gemeinsam die einzelnen Aufgaben (Tasks). Das Projekt wird in einzelne Arbeitspakete heruntergebrochen. Jedes Arbeitspaket, jeder Task enthält komprimiert:

- **Titel** (Identifizierend einmalig angewendet im Projekt)
- **Ergänzende Stichworte** (max. 3 zur besseren Beschreibung der Aufgabe)

Im Verlauf der Projektinitiierung werden folgende Felder zusätzlich ausgefüllt. Bei Erstellung der Task Karte bleiben diese vorerst blanko:

- **Zeitbedarf** (Zeit ist das höchste Gut im Agile Event Management)/Time Box
- **Kürzel des verantwortlichen Team-Mitglieds**

Zur Priorisierung der Tasks bietet sich das Vorgehen nach dem „Eisenhower-Prinzip" an, das davon ausgeht, dass wichtige und gleichzeitig dringende Tasks sofort zu erledigen sind, wichtige, aber nicht zeitkritische Tasks zu einem späteren Zeitpunkt eingeplant werden können, nicht wichtige Tasks delegiert werden und Tasks, die weder wichtig noch dringend sind, gar nicht erst bearbeitet werden sollten (siehe Abb. 6.2).

**Abb. 6.2** Eisenhower-Matrix, Grafik VOK DAMS

**Project Board**

Ein zentrales Project Board (auch als Task Board bezeichnet) ist das Basis Tool zur übersichtlichen Darstellung der Tasks. Aufgrund der Fülle IT-gestützter Systeme konzentrieren wir uns hier auf ein „analoges" Board, um die Systematik darzustellen.

Ein einfaches Taskboard unterscheidet drei Spalten:

- Backlog
- Work in Progress
- Done

Alle gemeinsam erstellten Tasks befinden sich zu Beginn des Projektes im Backlog. Das Backlog definiert, welche Tasks noch anstehen. Bei wiederkehrenden Projekten bietet es sich an, die Task-Karten im Vorfeld mit häufig verwendeten Tasks als Basis Template zusammenzustellen. Mit allen Gefahren, die diese Checklisten ähnliche Vorgehensweise enthält, bietet sie jedoch erstaunliche Zeitersparnis in der Projekt-Initiierungsphase. Wichtig ist, die Vorlagenbasis ständig zu hinterfragen, anzupassen und nicht als „festgeschrieben" zu verstehen.

Der wichtigste Unterschied zum klassischen Projektmanagement liegt darin, dass Tasks nicht von einer Leitungs-Instanz (bspw. Projektleiter) vergeben oder zugeteilt werden – sondern von den Team-Mitgliedern frei gewählt werden. Genau dieser selbstständige Wahlprozess führt zur Verantwortungsübernahme des Einzelnen. Hier liegt die Magie des Agile Event Managements.

Jedes Team-Mitglied ist selbst dafür verantwortlich, dass seine Tasks auf dem Taskboard abgebildet und für das Team sichtbar werden. Oft werden in Einführungsphasen von Agilem Event Management Bedenken geäußert wie:

- „Ätzende Aufgaben nimmt sich doch keiner"
- „unterschiedliche Qualifikationen bedingen doch, dass nicht jeder jeden Task übernehmen kann – was machen wir denn, wenn jemand einen Task übernimmt und diesen überhaupt nicht erfüllen kann?"
- ...

In der Agile Event Management Praxis hat sich gezeigt, dass diese Gefahren in der Regel unbegründet sind. Dennoch müssen die Ängste ernst genommen und offen angesprochen werden.

**Backlog**

Auf Basis verfügbarer Templates legt das Team das initiale Projekt Backlog an. Es werden alle Tasks in Gewerke gruppiert, die durch das Projektteam gesteuert werden.

Die geplante Projektmanagement Manpower wird auf die einzelnen Gewerke verteilt. Die Verteilung auf einzelne Tasks erfolgt gemeinsam im Rahmen eines Planning Pokers.

Es wird unterschieden zwischen einem Projekt Backlog, dieser enthält alle noch offenen Tasks, und einem Sprint Backlog, der nur die relevanten Tasks für den aktuellen Sprint beinhaltet. Beide Backlogs müssen regelmäßig, nach jedem Sprint, abgeglichen werden.

**Work in Progress**

Sobald ein Team-Mitglied einen Task übernommen hat, wird dieser Task vom Backlog in den Bereich Work in Progress überführt. Jetzt hat das übernehmende Team-Mitglied die Tasks in der Timebox.

Es werden nur Tasks übernommen, die zur Erfüllung des nächsten Sprint-Ziels notwendig sind. Das vorauseilende Bearbeiten von Tasks, die später im Projekt benötigt werden, wird unterlassen. Hintergrund ist, dass sich aufgrund der zu erwartenden Änderungen im Projektverlauf viele dieser vorgearbeiteten Aufgaben erübrigen oder derart umgestalten, dass erneut begonnen werden muss. Diese überflüssige Arbeit gilt es zu vermeiden mit dem Ziel, eine maximale Effizienz des Teams zu erwirken.

Wichtig ist, dass ein einzelnes Team-Mitglied nicht zu viele Tasks parallel übernimmt. Wie viele Tasks parallel bearbeitbar sind, ist vom Projekt und vom Team abhängig – grundsätzlich gilt es die Anzahl offener Tasks pro Team zu beschränken. Nur so bleibt sichergestellt, dass sich kein Team mit einer Vielzahl von Tasks selbst überfordert. Im Agile Event Management wird dieses als WIP-Limit (WIP=Work in Progress) bezeichnet. Ausgangspunkt ist die empirisch erwiesene Annahme, dass mit zunehmender Bearbeitung paralleler Aufgaben die Produktivität substanziell sinkt. Jedes Team wird abhängig vom Projekt und der Task Komplexität eigene WIP-Limits definieren. Die Einhaltung dieser „überwacht" der Agile Coach.

**Definition of Done**

Jeder im agilen Team muss verstehen, was „fertig" bedeutet, sobald ein Backlog-Eintrag oder ein Task als „Done" bezeichnet wird. Obwohl sich dies erheblich von Team zu Team unterscheiden kann, müssen alle Teammitglieder ein gemeinsames Verständnis davon haben, wann die Teilaufgabe erledigt ist, um Transparenz sicherzustellen. Dies erfolgt durch die „Definition of Done" des agilen Teams und wird dazu verwendet festzustellen, wann die Arbeit an einer Task fertig ist.

Die gleiche Definition leitet das Team bei der Festlegung, wie viele Backlog-Einträge es während des Sprint-Planning umsetzen kann. Das Team liefert mit jedem Sprint ein Teilergebnis. Dieses ist vollständig verwendbar, sodass der Project Owner sich jederzeit dazu entscheiden kann, es zu präsentieren/freizugeben. Jede Teilaufgabe ist additiv zu allen früheren Ergebnissen und gründlich getestet, um sicherzustellen, dass alle Ergebnisse gemeinsam funktionieren.

Wenn der Task also erfolgreich bearbeitet wurde, wird er von Work in Progress auf Done gestellt. Bei dem erledigten Task wird evaluiert, ob der kalkulierte Aufwand mit dem tatsächlich angefallenen Aufwand übereinstimmt. Dieses ist Bestandteil des Sprint Review und der Retrospektive. Sobald ein Team-Mitglied zeitliche Kapazitäten hat, wird ein neuer Task übernommen oder die Kapazitäten anderen Team-Mitgliedern oder Teams angeboten.

**Time Boxing**

Im Agile Event Management werden vorgeschriebene Zeitabschnitte verwendet, um eine Regelmäßigkeit herzustellen und die Notwendigkeit von zeitraubenden Besprechungen zu minimieren. Alle Projektschritte sind befristet [time boxed], sodass jeder Zeitabschnitt eine maximale Dauer hat. Die Dauer eines Sprints steht zu seinem Beginn fest und darf weder gekürzt noch verlängert werden. Diese Methodik hilft die Effizienz im Prozess zu erhöhen und wird als „Time Boxing" bezeichnet. Zeit ist das höchste Gut im Agile Event Management. Noch offene Teile einer Task werden in eine nachfolgende Time Box verschoben oder gestrichen.

Tools unterstützen bei der Erfassung des tatsächlichen Aufwands und dem Abgleich mit dem kalkulierten Aufwand. Jedes Team verfügt eigenverantwortlich über seine Time Box Kapazitäten im Sinne des Projekt-Erfolges. Bewährt haben sich hier zum Beispiel Team Timer Apps[3]. Das Team setzt für jeden Agendapunkt eine Gesprächszeit fest und monitored diese über den Team Timer. Sobald die Zeit abgelaufen ist, entscheidet das Team, ob weiterdiskutiert wird – also beispielsweise +5 min – und dafür ein anderer Punkt vertagt wird.

**Sprint**

Tasks werden in Arbeitsabschnitte zusammengefasst, diese werden als Sprint bezeichnet. Ein Sprint entspricht in der Softwareentwicklung ursprünglich dem Inkrement einer Produktfunktionalität. In agilen Agenturen entsprechen sie einem definierten Sinnabschnitt.

---

[3]http://www.thedarkhorse.de/teamtimer/.

Jeder Sprint beginnt mit einem Sprint Planning und endet mit Sprint-Review und Sprint-Retrospektive. Sprints folgen immer unmittelbar aufeinander. Während eines Sprints sind keine Änderungen erlaubt, die das Sprintziel wesentlich beeinflussen.

Alle Sprints im Projektverlauf sollten möglichst die gleiche Länge und Taktung haben. Bewährt haben sich zwischen ein bis drei Wochen, abhängig von der gesamten Projektlaufzeit. Längere Sprint-Zeiträume machen wenig Sinn, da sich hier im Zeitverlauf zu viele Änderungen ergeben würden.

Ein Sprint endet immer mit dem Laufzeitende des Sprints. Es gibt zwei Ausnahmen: das Team hat den Aufwand völlig falsch eingeschätzt oder der Project Owner benötigt das Inkrement Ergebnis so nicht mehr. Nur in diesem Fall kann der Project Owner den Sprint abbrechen. Auch der abgebrochene Sprint endet mit einer Sprint-Retrospektive. Es folgt ein neuer Sprint, der mit einem neuen Sprint-Planning begonnen wird.

**Sprint Planning**

Im Sprint Planning werden im Wesentlichen zwei konkrete Fragen beantwortet:

Was kann im nächsten Sprint entwickelt werden? Wie kann die anstehende Arbeit im kommenden Sprint (auf einzelne Tasks heruntergebrochen) erledigt werden?

Damit wird die Sprint-Planung in zwei Teile gegliedert und auf maximal 2 h je Sprintwoche beschränkt (2 h/1 Sprint Woche – 4 h/2 Sprint Wochen – 6 h/3 Sprint Wochen etc.) (siehe Abb. 6.3).

**Planning Poker**

Mit Planning Poker wird dem Projektteam die Möglichkeit gegeben, eine einheitliche Vorstellung von der Komplexität der Aufgabe zu entwickeln und so einen Konsens herzustellen. In einer idealen Konstellation erfolgt der Planning Poker bereits zur Abgabe der Etat-/Kostenschätzung zu Projektbeginn.

Planning Poker hat hier das primäre Ziel, ein gemeinsames Verständnis über den Aufwand zum Erledigen der Aufgabe zu erreichen und den Dialog im Team zu eröffnen. Mit „Definition of Done" wird hier das Ergebnis der Aufgabe klar definiert und damit die Frage beantwortet „Wann ist die Aufgabe als erledigt zu betrachten?"

Der Planning Poker Ablauf ist denkbar einfach. Jedes Team-Mitglied hat ein Kartenspiel zur Verfügung. Dieses Kartenspiel ist wie folgt aufgebaut: 0,5–40. Die Zahlen stehen als Einheit für ein konkret geschätztes Verhältnis zueinander, wobei meist Stunden oder Tage gewählt werden. Üblicherweise wird eine Zahlenreihe verwendet, die mit größeren Zahlen immer größere Abstände hat. Hintergrund

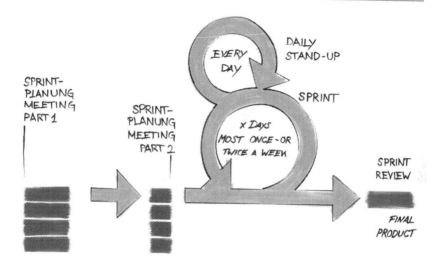

**Abb. 6.3** Sprint Planning, Grafik VOK DAMS, inspired by Ken Schwaber und Jeff Sutherland

$$0,5; \ 1; \ 2; \ 3; \ 5; \ 8; \ 13; \ 20; \ 40; \ 60; \ 100$$

**Abb. 6.4** Fibonacci-Reihe, Grafik VOK DAMS

ist hier, dass bei größeren Aufwandschätzungen die genaue Anzahl der Einheiten schwer detailliert zu schätzen ist. Planning Poker verwendet eine Zahlenreihe angelehnt an die Fibonacci-Reihe (siehe Abb. 6.4):

Neben den eigentlichen Zahlen-Karten enthält das Spiel zusätzliche Sonder-Karten:

0     Der Task ist zu klein und muss mit einer anderen Aufgabe kombiniert werden

∞     Der Task ist zu groß und muss in kleinere Aufgaben unterteilt werden

?     Mir ist der Task nicht klar

☕     Ich brauche eine Pause

Planning Poker Spielkarten sind im Handel erhältlich. Können aber auch schnell selbst erstellt werden. Eine digitale Alternative bilden Planning Poker Apps. Diese können analog zu dem Kartenspiel genutzt werden. Auf dem Smartphone kann jedes Team-Mitglied den notwendigen Kartenwert auswählen und im Spielverlauf anstelle der Spielkarte das Smartphone auf den Tisch legen.

Alle Team-Mitglieder nehmen am Planning Poker teil. Der Agile Master (Account Director) eröffnet das Spiel. Die Basiseinheit wird gemeinsam festgelegt. Die Spielkarte 0,5 entspricht dann der Hälfte der gewählten Einheit. Die einzelnen Tasks werden nacheinander vorgelegt. Nach jedem Task legt jedes Team-Mitglied eine Spielkarte verdeckt auf den Tisch. Sobald alle ihre Karten abgelegt haben, drehen alle Team-Mitglieder ihre Karten um.

Wenn alle Team-Mitglieder in etwa gleich mit der Vergabe ihrer Einheiten sind, wird das arithmetische Mittel als Aufwand auf der Task-Karte vermerkt. Es gibt keinen weiteren Diskussionsbedarf und der nächste Task wird aufgerufen.

Liegen erhebliche Abweichungen der Karten vor, wird im gemeinsamen Gespräch erörtert, woraus diese Abweichungen resultieren. In vielen Fällen liegen hier unterschiedliche Auffassungen darüber vor, was der Task beinhaltet und wann der Task als abgeschlossen gilt (Definition of Done) und welchen Aufwand es dazu bedarf. Da sich die Diskussion nur auf die Tasks bezieht, bei denen ein unterschiedliches Verständnis vorliegt, erreicht man bereits eine deutliche Zeitersparnis im Planning Meeting. Unterschiedliche Auffassungen verursachen somit auch keine „Enttäuschungen" im späteren Projektverlauf.

Sobald bei einem Task Zahlen-Karten mit hohen Werten oder $\infty$ gehäuft auftauchen, wird versucht, den Task in mehrere kleine Aufgaben aufzusplitten. Diese neuen Tasks werden erneut zur Planning-Poker-Abstimmung aufgerufen. Wichtig ist, dass Planning Poker in erster Linie dazu dient, den Dialog im Team zu eröffnen und ein Grundverständnis für das Projekt bzw. die damit verbundenen Aufgaben zu entwickeln.

**Beispiel**

Der Task „Sicherheitskonzept" wird zur Abstimmung aufgerufen. Die Team-Mitglieder legen Karten mit 20, 40, 60, 100, 40, 60, $\infty$, 40 auf den Tisch. Es wird deutlich, dass Klärungsbedarf zum Umfang des Tasks besteht. Weiterhin wird aufgrund der hohen Zahlen deutlich, dass der Task in Teil-Aufgaben heruntergebrochen werden muss. In diesem Fall bieten sich beispielsweise folgende Teil-Aufgaben an: Gefährdungsbeurteilung, Sicherheitsbewertung, redaktionelle Vorbereitungen (Absage-Mails, Durchsagen), Abstimmung mit den (Konzern-)Sicherheitsrichtlinien des Kunden, Abstimmung mit BKA/LKA, Sicherheitsleitfaden-Erstellung etc.

Manche Trainingsanbieter für agile Methoden empfehlen den Einsatz von „echten" Poker-Spiel-Elementen. Hier erhält immer derjenige Spieler die Aufgabe, der die geringste Einheit gesetzt hat. Dieses Vorgehen kann im Agile Event Management nicht empfohlen werden. Im Gegenteil: der Moment des gemeinsamen Definition of Done-Verständnisses geht verloren. Weiterhin wird bei der Einführung des Agile Event Managements das Erlernen von Planning Poker durch taktische Einschätzungen erschwert. Beispielsweise wird ein Task, den man nicht übernehmen möchte, tendenziell vom Aufwand her überschätzt.

## Delegation Poker

Ein wichtiger Bestandteil des Agile Event Managements ist die Ermächtigung des Teams zu selbstorganisiertem Arbeiten. Mit dem Spiel „Delegation Poker" können Führungskräfte und Teams erproben, wie Entscheidungen delegiert werden können. Delegation Poker wurde von Jurgen Appelo entwickelt. Er ist Autor des Buches „Management 3.0" und einer der Vordenker innovativer Arbeitsweisen. Die Delegation wird oft auf „Ich mache es" oder „Du machst es" reduziert. Aber es gibt sieben Ebenen der Delegation. Delegation Poker wird genutzt, um zu klären, wer für was auf welchem Level verantwortlich ist. Dies ist eine Methode, mit der das Engagement des Teams durch kontrollierte Selbstorganisation und geklärte Wert- und Entscheidungsfindung gefördert werden kann (siehe Abb. 6.5).

Vorgehensweise:

Erstellen Sie zunächst eine Liste mit vordefinierten Fällen oder Situationen, in denen Sie eine Delegierungsrichtlinie erstellen möchten, und ermitteln Sie, wer welchen Einfluss hat. Dies kann vom Projektdesign bis zur Definition neuer Team-Mitglieder reichen.

Jedes Team-Mitglied erhält einen Kartensatz mit den Nummern 1 bis 7, der die sieben Delegationsstufen beschreibt.

Die Team-Mitglieder wiederholen die folgenden Schritte für jeden vordefinierten Fall:

1. Eine Person liest eine Situation vor oder erzählt eine Geschichte aus eigener Erfahrung.
2. Jeder Spieler wählt eine der sieben Delegationskarten und reflektiert, wie er die Entscheidung in dieser speziellen Situation delegieren würde.
3. Wenn alle Spieler entschieden haben, decken sie ihre ausgewählten Karten auf.
4. Lassen Sie die Teammitglieder mit den höchsten und den niedrigsten Karten die Gründe für ihre Wahl erklären.
5. Im Anschluss kann das Team entscheiden, ob es darüber noch mal abstimmen möchte.
6. Auf Basis der aufgedeckten Karten kann ein Delegation Board erstellt werden. Hier kann der Konsens der Teilnehmer zu den entsprechenden Situationen erfasst werden.

**Abb. 6.5** Beispiel für Delegation Poker Karten, Grafik VOK DAMS, inspired by Jurgen Appelo

**Daily Stand-up Meeting (Daily)**

Im Rahmen des Agile Event Managements wird nicht auf Meetings verzichtet, sondern die Meeting-Kultur verändert sich nachhaltig. Meetings werden kürzer und finden im Stehen (Stand-up) statt. Die Durchführung im Stehen sorgt für Dynamik und verhindert ausufernde Meetings mit Entschlummern in Komfort-Sesseln. Auch ein formuliertes „Anlehn-Verbot" hat sich zur Beschleunigung des Meetings bewährt.

Wichtig ist, dass alle diese tägliche Besprechung als sinnvoll empfinden. Nur dann lässt sich der Kommunikationsfluss innerhalb des agilen Teams nachhaltig positiv unterstützen.

Das Daily Stand-up Meeting hat eine maximale Dauer von drei Minuten je Team-Mitglied (10 Team-Mitglieder = 30 min Meeting). Ein früher Zeitpunkt am Tag hat sich bewährt (beispielsweise direkt um 09:00 Uhr). Es sollte möglichst live und persönlich (ohne Telefonkonferenz) direkt vor dem Task-Board stattfinden.

- Jedes Team-Mitglied beantwortet nacheinander folgende Fragen:
- Wie bin ich gestern mit meiner Arbeit vorangekommen?
- Welche Tasks liegen bei mir heute an?
- Welche Hindernisse gibt es aktuell, die der zeitgerechten Erledigung meiner Arbeit im Wege stehen?

Das einzelne Team-Mitglied hat maximal drei Minuten Zeit, um die drei Fragen zu beantworten. Der Project Owner (Projektleiter/Account Director) moderiert das Daily Stand-up Meeting. Wenn ein Hindernis von einem Team-Mitglied angesprochen wird, wird die Lösung dieses Hindernisses nicht im Daily Stand-up Meeting diskutiert, sondern in einem das Hindernis betreffenden Teilnehmerkreis im Anschluss an das Daily Stand-up Meeting. Ausgenommen davon sind Hindernisse, die alle Team-Mitglieder betreffen und daher zum Stillstand der weiteren Arbeit führen könnten. In diesem (sehr seltenen) Fall wird das Daily Stand-up Meeting über die 3 min-pro-Teilnehmer-Regel hinaus verlängert. Dieses ist der einzige Fall einer möglichen Verlängerung des Daily Stand-up Meetings.

Floskeln wie „keine Veränderung – alles wie gestern" sind zu vermeiden. Hier ist der Project Owner in seiner Rolle als Moderator gefragt, um genau zu hinterfragen, was sich zu gestern verändert hat. Wenn diese Moderation nicht erfolgt, läuft man Gefahr, dass alle nur noch „wie gestern" berichten und damit das Daily Stand-up Meeting wertlos wird. Die Gesamtdynamik des Meetings aufrechtzuerhalten ist die Hauptaufgabe des Moderators.

### Weekly Sprint Meeting (Weekly)
In den mit dem Projektleiter vereinbarten Sprint-Intervallen erfolgen Sprint-Meetings. Es hat sich bewährt, diese wöchentlich durchzuführen. Somit werden sie als Weekly Sprint Meeting oder kurz Weekly bezeichnet.

Im Vergleich zum Daily Stand-up Meeting werden hier dem Project Owner die konkreten Arbeitsergebnisse vorgestellt und besprochen.

### Sprint-Retrospektive[4]
Die Sprint-Retrospektive bietet dem Agile Event Management Team die Gelegenheit, sich selbst zu überprüfen und einen Verbesserungsplan für den kommenden Sprint zu erstellen.

---

[4]Schwaber, Ken und Jeff Sutherland. 2016. The Scrum Guide, S. 12 f.

Sie findet zwischen dem Sprint Review und dem nächsten Sprint Planning statt. Für einen einmonatigen Sprint wird hierfür eine Obergrenze von drei Stunden angesetzt. Bei kürzeren Sprints ist das Meeting in der Regel kürzer. Der Agile Master sorgt dafür, dass das Meeting stattfindet und alle Teilnehmer dessen Zweck verstehen.

Der Agile Master sorgt dafür, dass das Meeting konstruktiv und produktiv ist. Der Agile Master lehrt alle, die Time Box einzuhalten. Aufgrund seiner Verantwortung für den Prozess nimmt der Agile Master als gleichberechtigtes Mitglied an der Sprint Retrospektive teil.

Die Sprint Retrospektive wird durchgeführt, um

- zu überprüfen, wie der vergangene Sprint in Bezug auf die beteiligten Personen, Beziehungen, Prozesse und Werkzeuge verlief,
- die wichtigsten gut gelaufenen Elemente und mögliche Verbesserungen zu identifizieren und in eine Reihenfolge zu bringen und
- einen Plan für die Umsetzung von Verbesserungen der Arbeitsweise des Teams zu erstellen.

Der Agile Master bestärkt das Team darin, seine Entwicklungsprozesse und -praktiken innerhalb des Prozessrahmenwerks zu verbessern, um im kommenden Sprint effizienter und befriedigender arbeiten zu können. In jeder Sprint Retrospektive erarbeitet das Team Wege zur Verbesserung der Qualität durch die entsprechende Anpassung der Prozesse oder der Definition of Done, sofern diese Änderungen angemessen sind und nicht im Widerspruch mit Unternehmensstandards stehen.

Zum Ende der Sprint Retrospektive sollte das Team Verbesserungen für den kommenden Sprint identifiziert haben. Die Umsetzung dieser Verbesserungen im nächsten Sprint ist die Anpassungsleistung zur Selbstüberprüfung des Teams. Auch wenn jederzeit Verbesserungen eingeführt werden können, bietet die Sprint Retrospektive eine formelle Gelegenheit, sich auf die Überprüfung und Anpassung zu fokussieren.

**Sprint Review[5]**
Im Gegensatz zur Retrospektive werden beim Sprint Review die Stakeholder (in der Regel der Kunde) mit einbezogen. Am Ende eines Sprints wird ein Sprint Review abgehalten, um das Inkrement zu überprüfen und das Backlog bei Bedarf

---

[5]ebd., S. 11 f. http://www.scrumguides.org/docs/scrumguide/v2016/2016-Scrum-Guide-German.pdf.

anzupassen. Während des Sprint Reviews beschäftigen sich das Agile Team und die Stakeholder gemeinsam mit den Ergebnissen des Sprints. Zusammen mit eventuellen Änderungen am Backlog während des Sprints bieten diese die Basis für die gemeinsame Arbeit an möglichen neuen, den Wert des Produkts steigernden Punkten. Beim Sprint Review handelt es sich um ein informelles Meeting ohne Statusreport. Die Vorführung des Ergebnisses (Inkrements) ist als Anregung für Feedback und die Basis für die Zusammenarbeit gedacht.

Für einen einmonatigen Sprint wird für dieses Meeting eine Obergrenze [Time Box] von vier Stunden angesetzt. Für kürzere Sprints wird in der Regel ein kürzerer Zeitrahmen veranschlagt. Der Scrum Master bringt allen Beteiligten bei, das Meeting innerhalb der Frist [Time Box] durchzuführen.

Der Sprint Review beinhaltet die folgenden Elemente:

- Die Teilnehmer, bestehend aus dem Team und wichtigen Stakeholdern, die vom Project Owner eingeladen werden.
- Der Project Owner erklärt, welche Backlog-Einträge fertig ("Done") sind und welche nicht.
- Das Team stellt dar, was während des Sprints gut lief, welche Probleme aufgetaucht sind und wie es diese Probleme gelöst hat.
- Das Team führt die fertige Arbeit vor und beantwortet Fragen zu dem Inkrement.
- Der Project Owner stellt den aktuellen Stand des Backlogs dar. Er gibt bei Bedarf eine aktualisierte Vorhersage von wahrscheinlichen Zielterminen auf der Basis des Entwicklungsfortschritts des Projektes.
- Alle Teilnehmer erarbeiten gemeinsam, was als nächstes zu tun ist, sodass das Sprint Review wertvollen Input für die kommenden Sprint Plannings liefert.
- Es erfolgt eine Begutachtung, ob sich im Projektverlauf neue Erkenntnisse ergeben haben, die Auswirkungen auf die nächsten Schritte haben und ob man noch in die richtige Richtung läuft.
- Anschließend werden Zeitplan, Budget, die potenziellen Eigenschaften sowie die Erwartungen für den nächsten Sprint überprüft.

Das Ergebnis des Sprint Reviews ist ein überarbeitetes Backlog, das die möglichen Backlog-Einträge für den kommenden Sprint enthält. Das Backlog kann auch umfassend umgearbeitet werden, um neue Chancen zu nutzen.

## Schweigefuchs

Neben den institutionalisierten Meetings Daily Stand-up/Weekly Sprint ist es entscheidend, eine osmotische Kommunikation im Projektteam zu fördern. Der osmotischen Kommunikation kommt beim Agile Event Management eine große

Rolle zu. Diese informelle Kommunikation wird auch treffend als die „Hohe Kunst der Kommunikation im Team-Raum" bezeichnet[6]. Wichtig ist hier, dass das Team in einem Projektraum zusammensitzt. Virtuelle Chaträume haben auch ihren Charme, ersetzen aber nicht die direkte Kommunikation im Team. Bereits 2004 von Alistair Cockburn[7] beschrieben, bezeichnet man mit der „Osmotischen Kommunikation" das Aufnehmen von Informationen im Hintergrund aus dem Informationsaustausch anderer Team-Mitglieder. Das kann auch durch direkte Fragen in die Projektrunde erfolgen.

Optimal ist eine offene Aufteilung der Arbeitsräume des agilen Projektmanagement-Teams in unterschiedliche Bereiche. Agile Organisationen unterscheiden zwischen Workspaces zur gemeinsamen Projekt- und Teamarbeit, Meetingwelten für den formellen, gemeinsame Bereiche für den informellen Austausch/Dialog sowie Rückzugsbereiche für Tätigkeiten, die hohe individuelle Konzentration erfordern. Microsoft unterscheidet hier beispielsweise in seiner Deutschland-Zentrale zwischen Think Space, Accomplish Space, Converse Space und Share & Discuss Space[8].

In kleineren Agentureinheiten, Projektbüros und wechselnden Arbeitsorten des gesamten Agile Event Management-Teams sind solche dezidierten Bereiche heute nur selten gegeben. Die Nutzung von verschiedenen Locations wie Arbeitsplatz, Home Office, Hipster Café, Co-Working Space hat ihren Charme, verzichtet aber oft auf die notwendigerweise kurzen Wege zwischen den einzelnen Workspaces.

Aus diesem Grund bietet sich eine zeitliche Vereinbarung zur Fixierung von Stillarbeitszeiten an, für Tätigkeiten, die eine hohe, individuelle Konzentration erfordern. Im Agile Event Management wird dies „Schweigefuchs" genannt. Bestimmt kennt der ein oder andere es noch aus seinen Kindergartenzeiten, verbunden mit dem „Schweigefuchs" Zeichen der Betreuerin. In der Praxis haben agile Teams oft auch ihre eigene Methode gefunden, um diese Arbeitsphasen darzustellen. Beliebt ist zum Beispiel der Einsatz einer Ampel, die bei „rot" dann die absolute Stillarbeitszeit anzeigt (siehe Abb. 6.6).

In Agile Event Management-Teams verständigt sich das Team projekt- und phasen-abhängig auf einen bestimmten Zeitraum, der tägliche Stillarbeitszeit für

---

[6]https://agilegemba.wordpress.com/2013/09/10/osmotische-kommunikation-die-kunst-der-kommunikation-im-teamraum/.

[7]Vgl. Cockburn, Alistair. 2004. Crystal Clear: A Human-powered Methodology for Small Teams. München: Addison-Wesley.

[8]Die neue Deutschlandzentrale von Microsoft auf einen Blick – https://news.microsoft.com/uploads/2016/09/Factsheet_Microsoft_Schwabing_Baustellengespraech.pdf.

**Abb. 6.6** Schweigefuchs,
Grafik VOK DAMS

konzentriertes Arbeiten ist. Telefonate und mündliche Abstimmungen erfolgen in diesem Zeitraum nicht. Bewährt hat sich folgender Ablauf:

* 09:00 bis 09:10 Uhr – Daily Stand-up Meeting
* 10:00 bis 12:30 Uhr – Schweigefuchs

Schweigefuchszeiträume sollten täglich immer gleich bleiben, nicht unterbrochen werden oder in mehrere Zeiträume aufgeteilt werden. „Verstößt" ein Team-Mitglied gegen „Schweigefuchs", wird er charmant mit dem „Schweigefuchs Zeichen" seiner Kollegen an die Vereinbarung erinnert.

**Burn Down Chart**
Das Burn Down Chart ist ein Kontrollmittel für Sprints in agilen Projekten. Es visualisiert die noch zu leistende Arbeit im Verhältnis zurzeit und gibt Aufschluss darüber, ob das Team das geplante Ziel erreichen kann. Ein solches Chart wird benutzt, um vorherzusagen, wann die Arbeit vollständig erledigt sein wird, bzw. ob das dies im angesetzten Zeitrahmen sein wird.

**Überwachung der Zielerreichung**
Die verbleibende Arbeit zur Erreichung eines Ziels kann jederzeit zusammengerechnet werden. Der Product Owner vermerkt die gesamte verbleibende Arbeit mindestens zu jedem Sprint Review. Er vergleicht diesen Wert mit der verbleibenden Arbeit früherer Sprint Reviews, um den Fortschritt der Arbeiten im Verhältnis zur restlichen Zeit zu bewerten. Diese Information wird an alle Stakeholder kommuniziert.

Zur Einschätzung des Fortschritts werden verschiedene Planungspraktiken eingesetzt, wie Burn-Down- oder Burn-Up-Diagramme. Diese haben sich als nützlich erwiesen, allerdings ersetzen sie nicht die Bedeutung des empirischen Vorgehens. In komplexen Projekten lassen sich zukünftige Ereignisse nicht immer vorherbestimmen. Nur was bereits geschehen ist, gibt Anhaltspunkte für die zukunftsgerichtete Entscheidungsfindung.

# Das agile Team

**7**

Ziel ist es, das agile Team hierarchiefrei zur Selbstverantwortung zu motivieren. Folgende Rollen gibt es in einem agilen Team (siehe Abb. 7.1):

**Client Project Owner** – ist der Auftraggeber auf Kundenseite.
**Project Owner** – ist der Projektleiter/Account Director auf Agenturseite. Der Project Owner ist gleichzeitig Team-Mitglied.
**Agile Master** – Der Agile Master nimmt die agile Prozessunterstützungs-/Coaching Rolle ein.
**Stakeholder** – Personen, die direkt oder indirekt vom Projekt betroffen sind.

## Project Team

Das Project Team umfasst hierarchiefrei alle Team-Mitglieder einschließlich des Project Owners. Es zeichnet sich durch einen hohen gemeinsamen und individuellen Eigenverantwortungsgrad aus. Das Project Team organisiert sich weitestgehend selbst. Die Selbstorganisation ist einer der Erfolgsmomente des Agile Event Managements. Selbstorganisation heißt, das Team entscheidet selbst, welche Arbeitslast zu bewältigen ist und welcher Arbeitsschritt als nächster kommt. Das Team unterstützt sich innerhalb des Teams.

## Client Project Owner

Der Client Project Owner auf Kundenseite ist für den Erfolg des Projektes aus Auftraggeber-Sicht verantwortlich. Gerade in stark hierarchie-geprägten, über Jahrzehnte gewachsenen Organisationen ergeben sich hier die größten Herausforderungen. Die optimalen Eigenschaften des Client Project Owners ist die:

© Springer Fachmedien Wiesbaden GmbH, ein Teil von Springer Nature 2019
C. M. Dams, *Agiles Event Management*, essentials,
https://doi.org/10.1007/978-3-658-25500-8_7

**Abb. 7.1**  Agiles Team, Grafik VOK DAMS, inspired by vitalflux.com

- Verfügbarkeit zu kurzfristiger Abstimmung
- Direkte Entscheidungsgewalt
- Als Client Project Owner definiert er die Eigenschaften/Qualität und Kosten. Der Client Project Owner ist immer eine natürliche Person – nie ein Entscheidungs-Komitee.

**Project Owner (Agency)**
Der Project Owner ist der erste Ansprechpartner des Client Project Owner auf Agenturseite. Der Project Owner versteht sich als Teil des hierarchie-freien Projektteams. Dem Project Owner kommt neben der aktiven Mitarbeit im Team eine Moderationsrolle zu.

Wichtigster Unterschied zur klassischen Projektmanager-Rolle ist, dass der Project Owner nicht mehr die Arbeitspäckchen packt, zuteilt und damit einer reinen Delegier- und Kontroll-Funktion nachkommt. Im Agile Event Management steht die Selbstorganisation des Teams im Mittelpunkt. Der Project Owner zeichnet sich gegenüber dem klassischen Projektmanager aus durch:

- Aus-/Weiterbildung des Teams
- Moderation
- Coaching

**Agile Master**

Dem Agile Master kommt eine Coaching-Aufgabe zu. Er sorgt dafür, dass der agile Event Management Prozess richtig eingesetzt wird Er fungiert als Ansprechpartner für alle Fragen bezüglich des Prozesses.

**Nebenbemerkung**

In reinen agilen Systemen wie Scrum gibt es die Position des Project Owners nicht. Sie wird gesamthaft vom Projektteam übernommen, da dieses grundsätzlich hierarchie-frei ist. Es zeigt sich jedoch gerade in Einführungsphasen, dass man auf ein Management Framework nicht verzichten kann. Es empfiehlt sich ein rollierendes System, bei dem der Agile Master dann auch die Rolle des Project Owners übernehmen kann. Auch wenn diese rotierende Herausforderungen birgt, überwiegen die Chancen bei der Einführung Agile Event Managements. Große agile Teams bedürfen mitunter eines weiteren Management Frameworks mit weiteren Funktionen.

# Agiles Vertragsmanagement

**8**

## Kundenvorteile

Das Agile Event Management hebt auch die Beziehung Agentur – Kunde auf eine neue Ebene.

Wichtigste Voraussetzung ist eine Zusammenarbeit auf Augenhöhe. Außerdem muss der Kunde die Zeit und die Entscheidungskompetenz mitbringen, um den agilen Prozess erfolgreich umsetzen zu können. Belohnt wird er durch wichtige Vorteile gegenüber der klassischen Projektzusammenarbeit:

- ein direktes Feedback
- die Möglichkeit der Mitarbeit in allen Phasen des Projekts
- eine proaktive Partnerschaft mit der Agentur

Das Potenzial des Agile Event Managements ist für den Kunden sehr hoch. Er spart Zeit im Prozessverlauf, Manpower Ressourcen und nicht zuletzt Kosten. Diese Form der Zusammenarbeit mit der Agentur bietet ihm:

- flexible Zielsetzung im Verlauf des Prozesses und Anpassung der Prozessstrukturen
- das agile Mindset seiner Agentur

Angesichts dieser Vorteile sollte jeder Kunde bei der Auswahl der Agentur die agile Kompetenz abklären.

© Springer Fachmedien Wiesbaden GmbH, ein Teil von Springer Nature 2019
C. M. Dams, *Agiles Event Management*, essentials,
https://doi.org/10.1007/978-3-658-25500-8_8

## Agiler Festpreis

Der agile Festpreis ist ein mögliches Vertragsmodell für Lieferanten und Kunden wie es im agilen Projektmanagement zum Einsatz kommt. Das Vertragsmodell besteht darin, dass nach einer definierten Testphase Kosten und Termin festgesetzt werden und ein Vorgehen zur Steuerung des Umfangs („Scope") innerhalb eines festen Budgets vereinbart wird.

Festpreise sollten bereits zum Projektstart eine möglichst genaue, detaillierte Beschreibung der Leistung beschreiben. Damit kann das Risiko nachträglicher Etatveränderungen möglichst gering gehalten werden. Der agile Festpreis strebt zum Projektstart eine zwar vollständige, aber noch nicht detaillierte Beschreibung der Vertragsleistungen an.

Auf Grundlage der vorliegenden Schätzung wird ein noch nicht verbindlicher Festpreisrahmen vereinbart. Anschließend folgt eine Testphase (Checkpoint-Phase), in der die Umsetzung aber bereits beginnt. Am Ende dieser Testphase gleichen beide Vertragspartner ihre gewonnenen Erfahrungen mit den anfänglich getroffenen Annahmen ab. Sie entscheiden über die Umsetzung des Gesamtprojektes und definieren die Bedingungen, unter denen Änderungen stattfinden dürfen. Eine weitere Möglichkeit des agilen Festpreises liegt in der Teilung der Risiken, d. h. beide Vertragspartner tragen den Mehraufwand für ungeplante Änderungen mit. Dabei haben beide die Möglichkeit, jederzeit auszusteigen.

## Vertragsmanagement in der Agentur

Im Agile Event Management läuft der Prozess etwas anders. Seit Jahrzehnten hat sich der Pitch-Prozess etabliert. Unternehmen erstellen aussagekräftige Briefing-Unterlagen und fragen mehrere Agenturen parallel an. Die Agenturen entwickeln auf der Basis des Briefings ein Konzept, verbunden mit einem Angebot. Fairerweise wird dieser Pitch-Prozess meist mit einer Aufwandsentschädigung für die Agenturen vergütet. Aufgrund von strategischen, kreativen und monetären Aspekten fällt der Kunde eine Entscheidung für eine der anbietenden Agenturen.

Dieser klassische Pitch-Prozess wurde in der Praxis für agile Projekte durch eine mehrstufige Auswahlmechanik abgelöst. Die Auswahlmechanik umfasst vier Phasen:

**Request for Information (RFI)**

Im Rahmen eines Fragebogens werden interessierte Agenturen aufgefordert, Informationen zur Selektion preiszugeben. Abgefragte Informationen enthalten beispielsweise:

- Stammdaten der Agentur (Gründungsdatum/Haftungskapital/Umsatzdaten)
- Nachweis Qualitäts-Management System nach DIN EN ISO 9001:2015
- Agile Event Management nach Anforderung
- Aktuelle Projektbeispiele vergleichbar mit der anstehenden Aufgabe

Der RFI geht an eine endliche Anzahl potenzieller Agenturen. Auf Basis des Rücklaufs werden max. 5 Agenturen ausgewählt (down selected to 5). Der RFI wird in der Regel nicht vergütet. Bei der Einladung zum nächsten Schritt erfolgt eine Aufwandsentschädigung (Reisekosten).

**Chemistry Meeting**

Anhand eines Briefings wird die Agentur eingeladen, die Agentur und das Team in einem meist einstündigen Chemistry Meeting persönlich vorzustellen, gefolgt von einer halbstündigen Fragerunde. Alle relevanten Stakeholder sind in diesem Meeting auf Kunden- und Agenturseite vertreten.

Es erfolgt eine weitere Auswahl anhand im Vorfeld definierter Kriterien. Maximal drei Agenturen werden für den letzten Auswahlschritt eingeladen. Ab diesem Schritt erfolgt eine pauschale Vergütung der Agenturen. Tagessätze nach Qualifizierung werden abgefragt.

**Accessment Workshop**

Alle Stakeholder auf Kundenseite und das optimale Team auf Agenturseite arbeiten anhand einer Fragestellung gemeinsam in einem ersten, meist eintägigen Workshop zusammen.

Beispiele für strategische Leitfragen sind:

- Was sollen die Zielgruppe/Gäste (anders) machen, nachdem sie den Event besucht haben?
- Warum machen sie das nicht jetzt schon?

**Agentur-Beauftragung**
Auf Basis des Workshop-Verlaufs wählt der Kunde eine Agentur aus. Die Vergütung der Agentur erfolgt auf der Basis definierter Zeitkostenverrechnungssätze pro 8 h-Tag. Die Vergütungen richten sich nach der Aufgabenstellung und dem Leistungsniveau. Meist wird unterschieden zwischen:

- Director Strategy/Concept
- Creative Director
- Account Manager/Account Director
- Senior Consultant
- Consultant
- Junior Consultant
- Assistant Consultant

Aus den unterschiedlichen Kompetenzen und Anforderungen wird ein Agenturteam individuell für den Kunden zusammengestellt. Auf Basis der Aufgabe und der verbleibenden Zeit wird das Mengengerüst definiert. Bei großen Projekten umfasst das Mengengerüst alle verbleibenden Werktage bis zum Event sowie die Zeit vor Ort und die notwendige Nachbereitung.

Die Vertragsgestaltung bei agilen Projekten befindet sich in einem Spannungsfeld. Da zum Zeitpunkt der Vertragsgestaltung noch gemeinsam an Strategie und Konzept gearbeitet wird, ist es nicht möglich, exakt den Leistungsumfang (Scope of Service) zu definieren. Der Kunde gibt hier seine gefühlte Planungssicherheit teilweise auf – gewinnt jedoch durch die agile Herangehensweise. Gerade bei unscharfen Anforderungen zu Projektbeginn eine große Chance. Studien zeigen, dass die Akzeptanz der Veränderungen bei den Teams im Einkauf eine der größten Herausforderungen bei agilen Projekten ist[1]. Agile Methoden werden den Einkauf verändern. Hinsichtlich der Auftragsvergabe und der Vertragsgestaltung empfiehlt es sich, zwischen den Positionen „Agentur-Honorar" und „Projektbudget" (ohne Agenturhonorar) zu unterscheiden.

Beim Agentur-Honorar werden die voraussichtlich für das Projekt benötigten Rollen bzw. Funktionen und Leistungslevel definiert und die entsprechenden Zeitkosten-Verrechnungssätze auf Basis von Stunden oder Tagessätzen festgehalten. Zusätzlich werden die voraussichtlichen Zeitkontingente für das Team (je Rolle bzw. Leistungslevel) festgelegt. Dabei empfiehlt es sich, die Zeitkontingente unterteilt in monatliche Phasen zu definieren.

---

[1]https://www.process-and-project.net/studie-agiler-einkauf/.

Je nach Projekt und den jeweiligen Rahmenbedingungen ist das Team ggf. jeden Werktag oder auch Kalendertag im Einsatz, wobei auf einen gleichmä-ßigen Arbeitsfluss zu achten ist, um die besten Arbeitsergebnisse zu erzielen. Diese monatlichen Phasen sind gleichzeitig auch die Abrechnungszyklen des Agenturhonorars. Die auf diese Weise definierte Agenturleistung stellt eine Planungssicherheit für die Höhe des Agenturhonorars dar, beschreibt die zeit-liche Verfügbarkeit des Agenturteams und steckt somit einen klaren Rahmen der Zusammenarbeit.

Da beim Agile Event Management die Veränderung bereits „von Haus aus" eingebaut ist, sollten beide Parteien bei Projektbeginn auch hierzu eine Verein-barung im Auftrag festhalten. Bspw. wie viel Mehr- und Minderaufwand ohne Ankündigung auf Nachweis abgerechnet werden kann (bewährt hat sich hier die Größenordnung von 20 %) und wie die Ankündigung und Genehmigung von Mehr- und Minderaufwand agil vorzunehmen ist. Durch die monatlichen Abrechnungszyklen ergibt sich hierzu bereits eine gute Transparenz im Agentur-honorar.

Beim Projektbudget wird typischerweise bei Projektbeginn eine Planungs-größe als Rahmen definiert. Neben der Festlegung des finanziellen Rahmens ist auch die Definition der Budgetinhalte sehr wesentlich. Welche Positionen müssen im Projektbudget enthalten sein, welche sog. „internen Kosten" auf Kundenseite (z. B. unternehmens-interne Services wie IT, das Einbringen eigener Produkte, Grafik, o. ä.) müssen in dem Projektbudget enthalten sein oder werden ggf. gesondert ohne Agenturbeteiligung betrachtet?

Zusätzlich sollte für das Projektbudget definiert werden, wie die Verfügbarkeit der Geldmittel (ggf. aufgeteilt nach Kalenderjahren) geplant ist und welche Posi-tionen durch die Agentur beauftragt werden sollen.

Ganz wesentlich für die agile Arbeitsweise ist die Grundhaltung, auf Ver-änderungen möglichst positiv zu reagieren. Veränderungen können ggf. die Höhe des Projekt-Budgets betreffen und/oder die Budgetpositionen hinsichtlich Leistungsumfang und Leistungslevel bzw. Umsetzungsqualität. Das heißt, im Agile Event Management ist das Projektbudget einem Schärfungsprozess unter-worfen, bei dem sich ggf. die Höhen der einzelnen Budgetpositionen verändern können und auch eine Verschiebung (Budget-Shift) von einer Position auf eine andere (oder neue) Position erfolgen kann. Dieser Prozess ist sowohl dem Kun-den als auch dem Agenturteam bewusst und auch gewollt. Die Erfahrung hat gezeigt, dass dies zu einer effektiveren Nutzung von Budgetressourcen und einem genaueren Budget-Planungsprozess führt. Die Rahmenparameter zum Projekt-budget und den einzelnen „Spielregeln" sollten bei Projektbeginn festgehalten und ggf. im Auftrag oder Vertrag vermerkt werden.

Als erster Schritt im Planungsprozess des Projektbudgets erfolgt eine gemeinsame Budgetaufteilung. Hier hat es sich bewährt, die sogenannten „Eh-Da-Kosten" zuerst zu definieren. „Eh-Da-Kosten" sind alle Positionen, die sowieso da sind – egal wie man sich strategisch/konzeptionell/kreativ entscheidet. Beispielsweise sind das Positionen für die Miete von Veranstaltungsstätten, Catering, Unterbringung und die Anreise/den Transport der Gäste. Die Budgetaufteilung bildet die Basis für eine erste Gesamtbudget-Schätzung.

Im folgenden On-Boarding-Prozess werden Kunden- und Agenturteam gemeinsam auf den gleichen Wissensstand gebracht. Nicht nur die Ausrichtung und Positionierung, sondern auch die Kultur spielen hier eine nicht zu unterschätzende Rolle. In Anlehnung an den US Psychologen Tuckman (1965)[2] sind hier die Teambildungsphasen zu berücksichtigen. Es beginnt mit einer Findungsphase (Forming), in der die Team-Mitglieder sich kennenlernen und ihre Beziehungen untereinander definieren. Gefolgt nicht selten von einer Konfliktphase (Storming). Hier kommt es zu Auseinandersetzungen über Rollen und Prioritäten. Die folgende Übereinkommensphase (Norming) führt dann zur Leistungsphase (Performing).

## Agile Kalkulation

### Warum benötigt es eine agile Kalkulation?

Das Agile Event Management bedingt eine neue Form der Abrechnung, des Angebotes und Kalkulation der Leistungen, die die Agentur für den Kunden erbringt. Warum ist das so?

In der aktuellen Situation ist gerade im gesamten Marketing-Bereich sehr viel mehr Flexibilität, Agilität und Anpassungsfähigkeit gefordert. Dies gilt natürlich auch für die Event- und Live-Marketing-Branche. Die Zeiträume für die Planung eines Events werden immer kürzer und bei Beginn des Projektes sind viele Faktoren noch unklar. Langwierige Pitches- und Ausschreibungen sind wenig effizient und oft zeitlich schwer darstellbar. In der Konsequenz basieren die initialen Budget- und Etatschätzungen auf Annahmen für die Gewerke und Kampagnen Bausteine. Die Annahmen betreffen u. a. Art und Umfang, sowie auch die Ausführungsqualität des einzelnen Bausteines. In einem agilen Projekt ist es dabei üblich, dass sich diese Annahmen im Laufe eines Projektes signifikant verändern oder auch Gewerke/Kampagnen Bausteine hinzukommen oder wegfallen. Dies ist

---

[2]Tuckmann, Bruce W. 1965. Developmental sequence in small groups. In: Psychological Bulletin. 63, S. 384–399.

nicht nur Konsequenz, sondern auch die Idee bzw. mitunter die Anforderung von agilen Projekten.

Diese agilen Änderungen haben naturgemäß direkte Auswirkungen auf Leistungen und das Honorar der Agentur. Jedes Gewerk und jeder Kampagnen Baustein haben immer einen direkt zuordenbaren Leistungsaufwand bei der Agentur in den Bereichen Konzeption & Kreation, Produktion, Fachplanung, Koordination und auch kaufmännisches Handling. Durch Änderung der Annahmen ergeben sich oftmals Änderungen an den Leistungsumfängen. Darüber hinaus sind für die übergreifende Konzeption, Entwicklung, Steuerung, Organisation und Überwachung des Projektes übergreifende Agenturleistungen notwendig.

Der Fachabteilung, dem Einkauf und der Rechtsabteilung ist an transparenten und professionellen Zahlungsbedingungen und Abrechnungsprozessen gelegen. Der Einkauf schließt ein pauschales Handling Fee häufig aus und wünscht Transparenz für das organisatorische Handling (Projektmanagement) sowie das kaufmännische Handling (Administration & Accounting). Dabei ist zu beachten, dass nicht die Agenturkosten den Großteil des Budgets ausmachen, sondern die sogenannten 3rd Party Costs, also die Leistungen von Drittdienstleistern wie zum Beispiel Hotel, Location, Technik, Catering und Bau.

Gerade durch die aktuellen Anforderungen durch Compliance Richtlinien, Code of Conduct und der Dokumentation der revisionssicheren Prozesse wird von der Agentur eine Expertise auch in rechtlichen und steuerlichen Aspekten erwartet. Wie kann agiles Kalkulieren da helfen?

## Wie funktioniert agiles Kalkulieren?

Um ein Projekt in einer Kalkulation auch so abbilden zu können, dass die typischen (system-immanenten) agilen Änderungen keinen vollständigen Umbau der Kalkulation zur Folge haben, findet eine sog. „Agile Kalkulation" Anwendung. Hierbei findet eine Kalkulation in Gewerken oder Kampagnen Bausteinen statt. D. h. alle gewerkespezifischen Kosten werden auch innerhalb des entsprechenden Gewerkes kalkuliert und zeitlich in Phasen oder Sprints aufgeteilt. Dabei werden auch die unmittelbaren Leistungen der Agentur für die Gewerke und Kampagnen Bausteine direkt beim Gewerk mitkalkuliert. Eine Schritt-für-Schritt Beauftragung sowie eine separate Beauftragung der einzelnen Gewerke ist somit möglich. Veränderungen können somit agiler gehandhabt werden.

Um eine Transparenz der sich in einem agilen Projektverlauf veränderten Kosten zu gewährleisten, erfolgt eine Aufteilung der Kosten in (siehe Tab. 8.1):

1. Konzeption & Kreation
2. Produktion inkl. Agentur-Teilleistungen

**Tab. 8.1** Kalkulationsraster VOK DAMS

| Phasen | Phase 1 | | | | Phase n | | |
|---|---|---|---|---|---|---|---|
| | Fremd-Leistung | Produktion Agentur | Eigen-Leistung Agentur | | Fremd-Leistung | Produktion Agentur | Eigen-Leistung Agentur |
| **Position 1** **Konzeption & Kreation** | | | | | | | |
| Basiskonzeption bis zur Präsentation | | | | | | | |
| Erste konzeptionelle Anpassung nach Re-Briefing Kunde | | | | | | | |
| Zweite konzeptionelle Anpassung nach Re-Briefing Kunde | | | | | | | |
| Kreativdirektion/Übergreifende kreative Leitung im Projekt | | | | | | | |
| Nutzungsrechte | | | | | | | |
| **Position 2** **Produktion** | | | | | | | |
| Kreative Entwicklung & Leitung des Gewerkes | | | | | | | |
| Organisatorische Steuerung des Gewerkes/Produktion/Producing | | | | | | | |
| Gewerke spezifische Produktionsleistungen (z. B. Studio, Stock, Dreh, Editing, Animation, Programmierung, etc.) | | | | | | | |
| Nebenkosten der Produktion | | | | | | | |
| Nutzungsrechte | | | | | | | |

(Fortsetzung)

**Tab. 8.1** (Fortsetzung)

| Phasen | Phase 1 | Phase n |
|---|---|---|
| **Position 3**<br>**Fremdleistungen/3rd Party Cost/Fach-**<br>**planungen** | | |
| Fachplanung/Koordination der Fremdleistung | | |
| Falls gefordert, die Erstellung und Steuerung sowie Dokumentation von Ausschreibungen oder definierten Beschaffungsprozessen inkl. Verhandlungen und Erstellung von Revisions-konformen Ausschreibungsunterlagen (Briefings/RFPs) | | |
| Die Fremdleistung des spezifischen Gewerkes gemäß Angebot, Ausschreibung o.ä | | |
| Nebenkosten der Fremdleistung | | |
| Ggfs. Gewerbesteuerliche Hinzurechnung, KSK oder Sonstige Steuern- und Gebühren oder Lizenzen | | |
| Accounting & Administration: | | |
| Buchhalterische und steuerliche Abwicklung | | |
| Übernahme Haftungsrisiko | | |
| Buchhalterische und steuerliche Abwicklung | | |
| Übernahme Haftungsrisiko | | |
| Ggfs. Vorfinanzierung | | |
| Ggfs. Übernahme Währungsrisiko | | |

(Fortsetzung)

**Tab. 8.1** (Fortsetzung)

| Phasen | Phase 1 | Phase n |
|---|---|---|
| **Position 4 Agenturhonorar** | | |
| Prozentual | | |
| Zeitraumbetrachtung | | |
| Leistungsbezogen | | |
| **Position 5 Sonstige Kosten der Agentur** | | |
| Reisekosten, Büromaterialien, GEMA und Kleinstausgaben. | | |

3. Fremdleistungen/3rd Party Cost & Fachplanungen inkl. Agentur-Teilleistungen
4. Agenturhonorar (übergreifend und Baustein-unabhängig)
5. Sonstige Kosten

Es wird zwischen drei verschiedenen Kostenarten unterschieden

- Fremdkosten
- Produktionsleistungen der Agentur
- Eigenleistungen der Agentur

Die Abrechnung von Fremdkosten erfolgt auf Basis der Rechnungen der Fremddienstleister.

Abhängig von dem Leistungsspektrum der Agentur können einzelne Leistungen als Produktionsleistungen pauschal angeboten und abgerechnet werden. Zum Beispiel die Erstellung von Medien, Software oder Teilnehmermanagementleistungen.

Eigenleistungen der Agentur werden nach Aufwand abgerechnet.

Drei mögliche Angebotsvarianten für das Agenturhonorar haben sich bewährt:

1. Prozentual auf die zu steuernden Leistungen
2. Rate-Card (Stunden-, Tagessätze)
3. Leistungspakete

**Position 4 Agenturhonorar**

Das Agenturhonorar bezieht sich auf die übergreifende Steuerung und Koordination der verschiedenen Gewerke zu einer Gesamtkampagne oder einem Event. Betrachtet wird hier die Kundenkommunikation (Meetings, Calls, Jour-fixes, etc.). Das übergreifende Management des Gesamtprojektes und die Schnittstellenkoordination unter den Gewerken durch Projektmanager, Projektassistenz und Budgetmanager, die begleitende Dokumentation aller Prozesse auf Basis des Rahmenvertrages sowie des Code of Conduct und den Einkaufsrichtlinien des Kunden sowie die Durchführung der Veranstaltung, die Nachbereitung und abschließende Dokumentation.

Die Gewerke bezogene Fachplanung durch Technische Leiter, Logistik-Manager, Travel-Manager, Hotel-Manager, Bauleiter, etc. wird in Pos. 3 beim jeweiligen Gewerk geplant.

**Position 5 Sonstige Kosten der Agentur**

Crewübernachtungen, Crewverpflegung, Lizenzen, Steuern und Gebühren die den Gewerken direkt zugeordnet werden können werden auch dort geplant (Position 3 oder 4)

Anhand eines übersichtlichen Kalkulationsblattes wird auf der Querachse der Kalkulation transparent dargestellt was Eigen- und was Fremdleistungen sind. Ebenfalls auf der Querachse wird dargestellt welche Kosten in welchem Sprint/Phase/Monat/Quartal anfallen. Daraus ergibt sich der Zahlungsplan. Dies erleichtert zusätzlich die Jahresangrenzung. Leistungs- und Zahlungsphasen sind identisch. Die Abrechnung und Zahlung des Agenturhonorars erfolgt nach erbrachter Leistung.

**Der Vorteil der agilen Kalkulation für den Kunden**

Der Auftraggeber erhält eine professionelle Planung in Gewerken bzw. Kampagnen Bausteinen, abgestimmt auf die Kalkulation, die jederzeit agil angepasst werden kann. Die agile Anpassung bezieht sich sowohl auf die Fremdleistungen als auch auf die Agenturleistungen.

Das bedeutet konkret, dass Teilbeauftragungen und -abrechnungen einfach möglich gemacht werden. Der Zahlungsplan wird dabei auf den Milestone-Plan in jeder Phase der Projektierung abgestimmt. Die Produktionsgewerke können abhängig vom Leistungsportfolio der Agentur als Eigen- oder Fremdleistungen kalkuliert werden. Leistungs- und Zahlungsphasen sind identisch.

In der Regel wird nach erbrachter Leistung gezahlt. Ausnahmen sind bei Fremdgewerken (vor allem im Ausland) möglich.

# Was Sie aus diesem *essential* mitnehmen können: Agile Event Management

- Warum Agile Event Management die neue Arbeitsweise ist
- Agile Mindset als Basis für alle agilen Prozesse
- Beispiele für Agile Werte, Prinzipien, Methoden, Vorgehensweisen
- Wie wird ein agiles Team zusammengestellt
- Wie erfolgt agiles Kalkulieren

© Springer Fachmedien Wiesbaden GmbH, ein Teil von Springer Nature 2019
C. M. Dams, *Agiles Event Management,* essentials,
https://doi.org/10.1007/978-3-658-25500-8

# Fazit

In der heutigen, sich immer schneller verändernden (Kommunikations-)Welt werden von Auftraggebern und Agenturen höchste Anpassungsfähigkeit und Flexibilität verlangt. Treiber dieser Entwicklung sind nicht zuletzt die Kunden, für die der Umgang mit digitalen Technologien und Kommunikations-Kanälen selbstverständlich geworden ist.

Das klassische Projektmanagement schafft das häufig nicht (mehr), denn im Verlauf der Event-Planung kommt es immer wieder zu aktuellen Anpassungen und Herausforderungen, sei es durch politische, unternehmensinterne, branchen-, wettbewerbs- oder kundenbedingte Ereignisse.

Der Blick auf Agile Methoden aus der Software-Entwicklung wie Scrum, Kanban und Design Thinking bietet sich an, um Teams auf Auftraggeber- und Agenturseite gemeinsam fit für die Zukunft zu machen.

Das in diesem Buch vorgestellte **Agile Event Management** beleuchtet, welche Voraussetzungen auf Kunden- und Agenturseite geschaffen werden müssen, wägt Vor- und Nachteile gegeneinander ab und macht Mut, neue Wege im Projektmanagement zu beschreiten.

Der Erfolg des Agile Event Management lässt sich in drei Begriffen beschreiben:

- Effizienz
- Innovation
- Spaß

# Glossar

**Agiles Manifest** Ein kurzes Dokument, das die agilen Werte und Prinzipien definiert

**Agile Master** Agile Prozessunterstützung und Coach

**Agile Prinzipien** beschreiben die grundsätzliche Vorgehensweise

**Agile Werte** beschreiben die Grundhaltung im Agile Event Management

**Backlog** Agiles Tool zum Einsatz bei Sprints

**Burn-Down-Chart** zeigt den Arbeitsstand über einen definierten Zeitraum

**Client Project Owner** ist der Auftraggeber auf Kundenseite. Im Agile Event Management unterscheidet man zwischen Project Owner auf Kundenseite und auf Agenturseite. Deshalb der Zusatz Client

**Daily Stand-up Meeting** Tägliche, kurze (15 min) Besprechung des Teams, um den Entwicklungsstand des Projektes abzugleichen. Findet im Stehen statt

**Definition of Done** Das agile Team definiert die Kriterien, wann eine Aufgabe als erledigt gilt

**Inkrement** Teilprodukt bei der agilen Entwicklung

**Iteration** Phase im Projekt, während der ein Teilprodukt entwickelt wird

**Kanban** Agile Methode zur Prozesssteuerung

**Planning Poker** Ein dynamisches Schätzungsverfahren im Team, um den möglichst effektivsten Zeitaufwand zu schätzen

© Springer Fachmedien Wiesbaden GmbH, ein Teil von Springer Nature 2019
C. M. Dams, *Agiles Event Management,* essentials,
https://doi.org/10.1007/978-3-658-25500-8

**Project Owner** Auf Agenturseite z. B. der Account Director. Er/Sie ist gleichzeitig Mitglied im agilen Team

**Retrospektive** Rückschau auf das Projekt, um Prozessverbesserungen für die Zukunft zu definieren

**Review** Reporting der aktuellen Arbeitsergebnisse

**Scrum** Bekannteste agile Methode

**Scrum Master** Im agilen Team verantwortlich für die Einhaltung des Prozesses

**Sprint** Entspricht bei Scrum der Iteration im agilen Projektmanagement. Also Definition einer Zeitphase für das nächste Teilziel

**Sprint Planning** Hier wird festgelegt, was im kommenden Sprint entwickelt wird. Außerdem wer aus dem agilen Team es in welcher Zeit erledigen kann

**Stakeholder** Personen, die direkt oder indirekt vom Projekt betroffen sind

**Task Board** Dient zur Visualisierung des aktuellen Projektstandes

**Timeboxing** Striktes Einhalten eines vorgegebenen Zeitrahmens

**Weekly** Kurzform für Weekly Sprint-Meeting. Im Vergleich zum Daily werden hier dem Project Owner die konkreten Arbeitsergebnisse vorgestellt und besprochen

**WIP-Limit** Begrenzung gleichzeitiger Aufgaben (Work in Progress-Limit)

# Literatur

Beck, Kent. 2000. *Extreme Programming. Die revolutionäre Methode für Softwareentwicklung in kleinen Teams.* München: Addison-Wessley.

Cockburn, Alistair. 2004. *Crystal clear: A human-powered methodology for small teams.* München: Addison-Wesley.

Deci, Edward L., und Richard M. Ryan. 2008. Self-determination theory: A macrotheory of human motivation, development and health. *Canadian Psychology* 49:182–185.

Kirkpatrick, Donald L. 1998. The four levels of evaluation. In *Evaluating corporate training: Models and issues,* Hrsg. Stephen M. Brown und Constance J. Seidner. Berlin: Springer.

Leopold, Klaus. 2017. *Kanban in der Praxis.* München: Hanser.

Lewrik, Michael. 2018. *Design Thinking. Radikale Innovationen in einer digitalisierten Welt.* München: Beck.

Schwaber, Ken, und Jeff Sutherland. 2016. *The scrum guide.* https://www.scrumguides.org/docs/scrumguide/v2017/2017-scrum-guide-german.pdf.

Tuckmann, Bruce W. 1965. Developmental sequence in small groups. *Psychological Bulletin* 63:384–399.

© Springer Fachmedien Wiesbaden GmbH, ein Teil von Springer Nature 2019
C. M. Dams, *Agiles Event Management,* essentials,
https://doi.org/10.1007/978-3-658-25500-8

Printed in the United States
By Bookmasters